공인중개사 창업·취업
완벽 가이드북

공인중개사 창업·취업 완벽 가이드북

노창희 지음

연봉 1억 초보 공인중개사는 이렇게 시작했다

PERFECT REALTOR

두드림미디어

프롤로그

왜? 밖으로 나가지 않는가?

해마다 여름이 한창인 더위 속에서도 독서실, 도서관, 본인들의 집에서 많은 사람이 열심히 공부하고 있다. 요즘은 학원에서 수업을 듣는 경우도 있지만, 인강(인터넷 강의)을 수강하는 경우가 더 많다. 보통은 20살 이상의 성인들인데 그 숫자가 대입을 준비하는 수험생들의 숫자에 육박한다. 엄청난 숫자라는 이야기다. 어떤 공부일까? 바로 공인중개사 자격시험 수험생들이다. 4~5개월 내내 자격시험 공부에만 매달려야 합격할 수 있는, 외울 것이 너무 많은 시험이다. 주변에서 2년을 투자해 합격한 직장인도 있다. 실제 자격시험에 합격하고 중개업을 시작한다면 사람들의 전 재산을 다루는 것과 같은 막중한 책임이 따르는 일을 하게 된다.

부동산 중개를 일로, 직업으로 선택하고 이 책을 손에 집어든 지금은 당신에게 아주 중요한 순간이다. 처음 어떤 마음으로 어떤 목적을 가지고 시작하느냐가 실제로 공인중개사의 영업을 성공과 실패로 나뉘게 만드는 시작점이기 때문이다. 부동산 중개업을 시작하는 이유와 나이는 모두 제각각이다. 이 직업의 특징 중 하나가 시작하는 나이대가 천차만별이라는 것이다. 첫 직장부터 부동산 중개업을 선택하는 경우도 있지만, 긴 직장 생활을 마치고 제2의 직업이나 제3의 직업으로 중개업을 선택하는 경우도 많다.

하지만 시작한 시점부터는 자격시험 공부만으로는 경험하지 못한 다양하고 난이도가 높은 업무들과 대면하게 되기 때문에 공부를 게을리하면 안 된다. 그리고 이 책의 취지와 같이 단시일 내에 창업이나 취업한 여러분이 안정적인 매출을 올릴 수 있는 '영업'도 게을리해서는 안 된다.

큰돈을 벌고 싶어 하는 공인중개사 지망생은 많지만, 영업을 제대로 하는 사람은 얼마 되지 않는다. 1층에 공인중개사 사무실을 오픈하거나, 대단지 아파트 상가 1층에 오픈하면 저절로 계약이 많이 나올 것처럼 막연한 착각을 한다. 그렇게 큰돈을 투자해 공인중개사 사무실을 오픈하고 폐업을 맛보기도 한다. 이제는 공인중개사 사무실의 위치도 중요하지만, 영업력도 상당히 중요하다는 것을 알아야 한다. 농담처럼 동네에서 제일 좋은 자리의 공인중개사 사무실이 일도 제일 열심히 한다면 이길 방법이 없다고 이야기한다. 분명 좋은 자리에서 창업해서 제대로 영업하는 것이 중요하다는 방증이지만 그것이 반드시 성공을 보장해주는 것은 아니다.

우리 직업의 최대 장점은 오래 일했다고 잘하는 직업이 아니고, 제대로 배운 사람이면 얼마든지 단시간 내에 고소득 수익을 내는 전문가로 성장할 수 있다는 것이다. 물론, 명심할 핵심 사항이 몇 가지 있다. 이 사항을 초심자일 때 얼마나 잘 지키느냐, 오래 유지하느냐가 성공을 위한 핵심이다.

어떤 이유로 부동산 중개업을 시작했는가를 떠나서 이 시점부터는 부동산 중개라는 '업(業)'을 위해 일을 한다는 마인드로 전환해야 한다. 하다가 안 된다고 다른 일을 할 수도 있다는 실패자의 마인드는 버리고 시작해야 하는 것이다. 마지막 직업이라고 생각하고 임하자는 이야기다.

나는 중개 매출이 오르지 않으면 어떻게 하면 계약할지를 고민은 했어도 직업을 바꿀 생각은 한 번도 해본 적이 없다. 이런 사고를 해야 벽을 만났을 때, 돌파할 수 있다. 또한 주먹구구 마인드, 복덕방 마인드를 버리고 전문 직업인으로서, 사업가로서 철저한 사업계획과 영업 계획 및 실행을 통해서 '회사처럼' 중개업을 운영해야 한다는 것이다.

마지막으로 '회사처럼' 운영하기 위한 원대한 목표를 가지고 어떻게든 그 목표를 달성하겠다는 강한 멘탈을 탑재해야 한다. 어떻게든 되겠지가 아니라, 언제까지 이 목표를 어떻게 달성할지를 끊임없이 연구하고 실행하는 노력하는 마음을 품고 시작해야 한다는 것이다.

여러분이 공인중개사 사무실을 오픈한 후 1년이고 2년이고 아주 느긋하게 정상화가 될 때까지 마음의 평화를 유지할 정도가 된다면 모르겠다. 하지만 그렇다 하더라도 영업을 시작하면 오픈한 지 3~4개월 정도가 되면 잘 될 가능성이 보일 정도로 철저한 준비를 하고 창업을 해야 한다.

이 책은 내가 과거 28년 영업과 세일즈 코칭을 해오면서 가르치고 지켜본 결과 성공한 공인중개사들의 노하우를 담았다. 성공한 공인중개사들의 창업이나 취업 초기는 실패한 공인중개사와 어떻게 달랐는지를 분석해 꼭 필요한 필수 초심자 매뉴얼로 작성했다.

핵심은 창업이나 취업 전에 고객과 물건을 확보하고 시작하자는 것이다. 중개업은 말 그대로 사고파는 사람 사이 중간에 있는 일이다. 진짜 어려울 수도 있는 것이다. 중간에서 양쪽의 이익을 동시에 대면하는 것은 쉬운 일이 아니다. 나는 대부분의 부동산 인생에서 일방 대리로 건물 쪽의 업무를 중심으로 해왔다. 부동산의 규모가 커지면 중간에서 타협점을 찾아서 거래를 마무리하기 어렵기 때문이다.

이 책에서는 여러분이 창업을 준비하는 과정이나 창업 후 자리를 잡지 못하고 있는 경우에 그 답답함을 해소할 해결책을 주기 위해 쓰게 되었다. 창업하고 몇 달 매출이 없다 보면 투자금에 대한 회수도 막연해지고 당장 생활비를 벌기 힘든 상황에 내몰리기도 한다.

사무실을 오픈하고 나를 고객이 선택하게 만들지 마라!
내가 고객을 선택하는 방식을 취해야 한다.

상당히 많은 공인중개사가 중개사무실을 지키고만 있다. 매출을 수천만 원, 수억 원대로 올리는 중개사무실도 많다. 그런 안정적으로 보이는 공인중개사가 사용하는 광고비는 거의 매출의 30~50%를 차지하기도 한다. 광고를 폭발적으로 하고 오는 고객이 많으니 늘 바쁘고 계약도 많이 한다. 그런데 사업적으로 보면 수익률이 매우 낮다.

왜? 사무실 밖으로 나가지 않는가?
나는 여러분이 여러분의 사무실이 속한 지역의 건물로 직접 나가라고 말하는 것이다.

아웃바운드(Outbound)가 진정한 영업이라고 믿자. 인바운드(Inbound)는 아웃바운드를 하면서 덤으로 오는 추가 매출이라고 생각하자!

두 가지가 합쳐져서 매출을 올려야 영업력이 생긴다. 영업력이 창업 초기의 초보 공인중개사에게는 큰 영향을 주지 않을 수도 있다. 하지만 업력이 쌓이다 보면 찾아오는 고객만 진행한 공인중개사는 심하게 꼬여 있는 부동산 이슈들을 해결하지 못한다. '일을 하면서 체득하는 배움이 가장 크기 때문이다.' 나가서 다양한 부동산 이슈를 직접 찾아서 해결하는 공인중개사의 삶을 살기를 바란다.

이 책은 8개의 Part로 구성되어 있는데, 가급적 8주의 커리큘럼이라고 생각하고 매주 한 Part에 해당하는 업무를 실행하라고 권하고 싶다. 여러분이 영업하는 지역을 정하고 그 지역에서 오픈한다는 가정하에 매출 목표도 세우자.

나는 28년간 많은 공인중개사 지인들이 창업 초기에 몇 개월을 매출 없이 고생하는 것들을 지켜봤다. 적게는 수천만 원에서 많게는 몇억 원대로 지출이 늘어나서 고민하는 공인중개사들은 많다. 오픈하자마자 원래 영업을 하던 기존 공인중개사처럼 매출을 낼 수는 없을까? 이런 고민을 하게 되고, 교육에 필요성을 절실히 느끼게 되기 때문에 내가 다녔던 회사에서 신입이 들어올 때면 빨리 교육하려고 노력했다. 샐러리 베이스의 직장인 공인중개사 사무실이든, 100% 인센티브제의 사업자 공인중개사 사무실이든 정도의 차이는 있지만, 게으른 사람은 몇 달 안에 자리를 잡지 못한다.

왜 고객 발굴, 매물 발굴, 전속 확보를 하지 않는지 답답해서 물어본 적이 있다. 그런데 정말 놀라운 답이 날아온다. 어떻게 하느냐는 것이다. 자격증을 따는 방법은 가르쳐주는 전문 교육 기관이 있다. 하지만 '실무'를 가르쳐주는 교육 기관은 극히 드물다. 대기업 기반의 부동산 중개회사들은 도제식 회사원 시스템으로 부동산을 가르쳐서 전문성이 시간이 갈수록 높아지기도 한다. 하지만 전문 지식이 높아진 기업의 부동산 담당자라고 할지라도 스스로 고객 발굴 능력을 갖추고 있지 않은 경우가 많다. 큰 기업에 소속된 부동산 중개 담당자인 경우는 더욱 그렇다. 관계사, 그룹사 업무만 처리하는 경우가 많아서 '수주'에 대한 기능과 근성이 매우 약하기 때문이다. 물론 내부적으로 관계사 업무는 그 나름의 고된 일이 수두룩하지만, 나는 영업에서 가장 중요한 부분은 '발굴'이라고 생각한다.

대형 건물은 운용사, 대기업 등 기업이 소유한 경우가 많고, 이런 기업들은 자산관리(Property Management) 회사를 통해서 시설관리, 임대차 관리를 하는 경우가 많다.

나의 주 업무인 대형 건물 임대차 부분을 이야기해보겠다. 적은 인원이 수백 개의 건물을 임대관리한다. 실제 임대 안내문을 부동산 회사에 배포하고, 임차인을 진행하는 부동산 회사와 공동중개를 하는 형태다. 그런데 재미있는 것은 임차인을 유치해 대형 건물 자산관리 회사의 임대 담당에게 공동으로 진행시키는 에이전트가 큰 부동산 회사인 경우도 있지만, 의외로 상당히 많은 비율이 작은 공인중개사 사무실 소속이라는 것이다. 광화문이나 테헤란로의 1만 평 이상 규모의 빌딩의 한 층은 실면적이 250여 평 정도이니, 임대 면적은 500평 정도 수준이다. 평당 임대가를 15만 원으로 잡는다고 대략 계산하면, 관리비는 제외하고 월 임대료만도 7,500만 원에 이른다. 이런 부동산의 공실을 없앨 때, 자산관리 회사는 7,500만 원에서 1억 5,000만 원 수준의 임대 컨설팅 수수료를 받는다. 상대방 임차 진행 중개사무실이 수수료를 적게 받는 점을 감안해 임대 측 수수료를 배분하도록 해준다. 보통 50% 수준으로 나누게 된다. 이런 임대차 계약에서 승리자는 임차 진행 중개사무실이다. 임대 측 자산관리 회사는 대부분 일방 대리를 하기 때문에 임차 측의 중개 수수료에는 관여하지 않는 경우가 많기 때문이다.

그렇다면 임대 측 관리 회사는 왜 수수료를 나누는 것일까? 좋게 이야기하면, 직접 고객을 발굴할 시간이 없을 정도로 임대 관리를 하는 부동산의 숫자가 많고 업무량도 많기 때문이다. 영업적 측면으로 이야기한다면 영업활동이 저조한 탓이다. 직접 발굴하지 않는 것이다. 탓하기 위해 말하는 것이 아니다. 1층에 중개사무실을 오픈하는 지역 공인중개사도 '절대 움직이지 않는 사람은 많다.' 부동산 업이라 부동인가? 나는 이 책을 통해 여러분이 창업, 취업하려는 지역에서 전후로 몇 개월은 신규 고객 발굴이 여러분의 습관이 될 수 있기를 바란다. 2개월은 뇌가 여러분의 결심을 습관으로 만들어주는 데 충분한 시간이다. 창업 전, 파밍(Farming, 아이템 등을 얻기 위해 반복적으로 어떤 행동을 하는 것으로 이 책에서는 영업활동을 말한다)을 통해 고객과 매물을 모두 확보하고 오픈해 안정적인 매출을 올리는 공인중개사가 되기를 응원한다.

노창희

CONTENTS

중개업 시작을
결심하다

Part 1
[Week 1]

왜? 하필이면, 부동산 중개업인가? 각자 공인중개사 자격증을 취득하고 중개업의 세계에 뛰어든 것은 다양한 이유가 있을 것이다. 이 책을 시작하는 Part 1에서 강조하고 넘어가고 싶은 것이 있다. 이 책은 수필집이나 교과서 같은 교재가 아니다. 매뉴얼이자 셀프 코칭을 위한 가이드북이다. 이 책의 코칭 커리큘럼을 통해 빠르면 2~3개월, 늦어도 6개월 내에는 지역 1등 공인중개사가 되기 위한 준비를 마쳐야 한다.

중개업은 오래 했다고 전문가가 저절로 되는 직업이 아니다. 제대로 배운 사람이 시간을 앞당겨 전문가가 될 수 있는 매력 있는 고소득자 속성 직업이다. 직장 생활을 하면서 매년 물가 상승이나 회사의 이익에 따라 연봉 인상이 되는 샐러리맨의 소득과는 비교도 안 되는 높은 수익을 벌 수 있는 가능성이 열려 있다. 당연히 엄청난 노력과 시간 투자가 뒤따라야 한다. 적당한 노력으로 한탕주의로 큰 수익을 낼 수 있는 직업은 절대 아니다. 근본이 성실이고 노력이다.

부동산 중개업 창업이나 취업을 결심한 이 책의 독자를 위해 그들이 원하는 지역에서 부동산 중개업을 성공적으로 시작하고 번창할 수 있도록 그 기반을 다지려 한다. 이후 내용은 매우 간결하며 강렬하고 지나치다 싶을 정도로 창업자, 취업자의 노력을 강조하고 강요할 것이다. 세일즈 코치이며 저자인 나와 독자인 예비 창업자, 취업자 모두 성공해야만 하기 때문이다.

어느 지역에서
시작해야 할까?

1. 영업 대상 지역 선정하기

지난 28년간 수천 명의 신입 공인중개사(에이전트)를 코칭해왔다. 내가 부동산 업계에 몸담아오면서 입사하는 신입들은 주거용 부동산 업무를 하는 에이전트, 공인중개사들도 있었지만, 대부분 상업용 부동산 업무에 종사하며 오피스 빌딩 임대차, 빌딩 매매 등의 업무를 했다. 그래서 테헤란로, 강남대로(GBD), 광화문, 도심지역(CBD), 여의도(YBD) 등의 오피스가 밀집한 지역에서 빠르게 업무를 익히고 수익을 발생할 수 있도록 이론과 실무를 동시에 코칭했다. 가르쳤다는 표현을 하지 않고 코칭이라는 단어를 사용하는 이유는 코칭을 받는 초심자들이 자신이 정한 영업 타깃 지역에서 빠르게 안착하도록 매물과 고객을 만들어가는 과정을 직접 수행해야 하기 때문이다. 이 책을 여기까지 읽은 독자들 역시 창업과 취업을 염두에 두고 이 책을 읽고 계실 것이다.

지금 시점에서 다음 페이지로 넘어가기 전에, 당신이 공인중개사 사무실을 오픈할 지역을 정해보자. 가급적이면 1~2개월 사이 완벽에 가깝게 데이터를 축적하기 위해서 과하지 않게 1~2블록 정도를 정하는 것이 좋다. 물론, 아파트 단지나 주택지가 포함된 지역을 영업 대상 지역으로 정하고 창업을 준비한다면 이 페이지 이후에 언급된 맵핑(Mapping, 지도작업) 과제를 수행할 때, 주택, 상가, 빌딩, 오피스 등으로 더욱 세분화된 파밍(Farming, 영업활동)이 필요할 것이다. 엄청난 고민으로 동네를 정하고 블록을 정하지 않아도 좋다. 느슨하게 정한다. 익숙한 동네의 로드뷰를 스타벅스에서 열어보거나 동네 골목길을 산책해보는 것도 좋다. 나도 얼마나 많은 시간을 테헤란로 뒷골목을 산책했는지 모른다.

'느슨하게'라는 표현을 쓴 이유가 있다. 어차피 큰 틀에서 동네를 정하면 짧게는 몇 년, 길게는 평생 돌아다닐 동네이기 때문이다. 어차피 여러분은 그 동네 박사가 될 것이다. 심지어 이 책의 독자들은 그 시간을 현격히 단축할 수 있을 것이다. 어차피 다 갈 곳을 창업자인 초심자로서 스트레스를 받지 말라는 뜻이다. 솔직히 일이라는 것은 '재미'가 있어야 한다. 재미가 없으면 큰돈으로 연결이 안 된다.

역삼역처럼 대형 오피스 빌딩과 중소형 빌딩이 많은 동네를 영업지역으로 선택했거나 군자역처럼 주거 비중이나 중소빌딩 중에서도 꼬마빌딩이 많은 동네에서 창업, 취업하는 것과는 영업을 위해 필요한 공부가 다르다. 결국은 난이도의 차이이지, 풀지 못할 문제는 아니니 현재 자신의 초심자 수준에서 판단해서 영업지역(Farming District)을 정하지 말고 자신이 궁극적

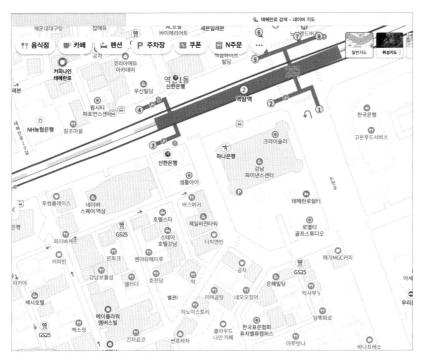

역삼역   (출처 : 네이버 지도)

으로 공인중개사로서 하고 싶은 일을 먼저 고려해서 지역을 정한다. 앞으로는 파밍지(Farming Area)라고 표현하겠다.

　'꿈'이라는 단어를 세일즈에 사용하는 것은 부담스럽지만, '꿈'이 없이 세운 목표를 장기적으로 지속하기는 힘들다. '중개업 창업의 꿈'을 세우고 일을 시작하자!

　_____의 목적(이름을 적어본다.)

　왜? 중개업을 하려고 하는가? 꿈은 무엇인가?

　얼마를? 벌고 싶은가?

명확히 한다.

(다음 원형박스에 중개업을 시작하는 이유를 자유롭게 적어보자!)

창업 전 조사서

그리고

앞으로 나아가야 할 방향

내가 꿈꾸는 성공이란?

고소득에 수반한 자기 성장

정도를 걸으며 사회에 이로운 부동산 중개업이란?

수익

당장 계약 가능한
A급 고객의 숫자

경쟁력 있는 전속 부동산의 확보
탄탄한 B급, C급 고객의 숫자

지속적인 신규 고객 접촉(사업 성공의 핵심 = Prospecting)
매일 24시간, 매주 7일, 매달 30일간 부동산만 생각하는 마음

삼각형의 밑면이 넓으면 넓을 수록(고객 접촉 빈도) 삼각형(중개를 진행하는 양, 고객 수)은 커지고 삼각형이 커질수록 꼭짓점(매출, 수익)도 점점 커진다.

Income Chain(삼각형의 이름)

Prospecting(중개업 성공의 핵심)

창업자 조사자

(출처 : Income Chain)

2. 업종 선택, 어떻게 할까?

부동산 중개에도 다양한 분야가 있다. 여러분이 창업, 취업을 원하는 지역을 정했다면 자연스럽게 업종도 몇 가지로 좁혀졌을 것이다.

사실 가장 접근이 용이하고 거주지 인근에서 효율적으로 시작하기에 좋은 업종이 주거일 것이다. '좋고 vs. 나쁜'의 기준은 아니고 예비 창업자, 취업자 스스로 개인 상황, 성향과 목표에 따라 달라질 것이다. 여기서, '상황, 성향, 목표' 이 3가지는 정말 중요하다. 공인중개사 자격을 취득하고 취업을 하고 싶지만, 창업을 선택할 수밖에 없는 상황도 있을 수 있다. 특히, 여성분들의 경우 결혼, 출산, 육아 등이 이런 상황을 만든다. 창업 비용을 마련하는 데 있어서 금액의 한계도 큰 이유 중 하나가 된다.

동네 골목을 지나다 보면, 이런 생각을 할 때가 있다. '아니, 무슨 생각으로 저런 자리에다가 공인중개사 사무실을 오픈한 거야?' 그러나 세상일에는 다 이유가 있다. 개인의 성향도 마찬가지다. 직장 생활을 오래 해서 회사를 상대로 하는 일에 익숙한 사람들은 오피스 임대차 등 기업을 상대로 중개업을 하는 데 부담이 적다. 아무래도 기업을 상대로 업무를 하는 데는 비즈니스 매너 등도 중요하지만, 행정적인 부분이나 기업의 담당자들이 요구하는 서비스를 제공하기 위한 준비가 많이 되어 있기 때문이다. 이런 개인적인 상황과 성향에 따라 창업, 취업의 업종과 방향을 정했다면, 그 다음은 목표 매출을 정한다. '목표'를 세우지 않으면 애당초 전진하지 못한다. 쉽게 이야기하자면, 1년에 얼마를 벌고 싶은지 정한다.

'어떻게' 계획을 세울지 구체적으로 고민하자!

병아리 공인중개사 _____(이름)는

1년에 _____억 원을 벌 것이다.

목표 금액 정하기

- 내가 일할 시간은 어떻게 계산할 수 있을까?
- 나의 일 단가, 시간의 가치 계산해보기!
- 세세한 계획과 촘촘한 액션 플랜
- 월 단위로 계속 보정
- 전속 수주에 포커스 맞추기

목표를 세우기 위한 TIPS   (출처 : 저자 작성)

3. 매출 목표 수립 : 나의 매출 단가 계산

막연하게 '몇 억 원을 벌고 싶다!' 이렇게 목표를 정하면 안 된다. 내가 창업, 취업할 지역, 취급할 업종에 따라 구체적으로 계획을 세워야 한다. 창업, 취업 시 준비된 예산도 최대한 계산해본다. 공인중개사(중개법인) 사무소 창업, 100% 무급여 인센티브제 채용이 많은 공인중개사 취업 시장에서 내가 원하는 수익이 벌릴 때까지 내가 생활도 하고 영업도 하기 위해 필요한 예비비를 모두 계산해본다.

이 책을 읽고 있는 여러분은 '부동산 사업'을 시작했다는 점을 항상 명심해야 한다.

예산과 목표를 세우지 않는 사업은 없다.

정말 매력적인 것은 다른 업종에 비해서 중개업은 투자 대비 상당히 높은 수익률을 가지고 있다는 것이다. 그 이유는 창업자의 대부분은 고소득을 내지 못한다는 아이러니함까지 같이 가지고 있기 때문이다. 평균적으로 얼마 정도 번다고 표현하기 힘든 직업이다. 큰 수익을 내는 소수와 그저 굶지 않을 정도로 버는 수준의 공인중개사가 섞여 있는 시장이다. 중요한 것은 나는 소수의 고소득 공인중개사가 되어야 한다는 것이다. 그래서 이 책을 읽고 있고 책을 통해서지만, 나에게 코칭을 받고 있다고 생각한다.

나는 연간 _____억 원을 벌고 싶다고 정했습니까?
계약 1건으로 연간 목표가 달성됩니까?
그 막연함을 현실적으로 계산해봅시다.
나의 단가를 계산합시다.

쉽게 이야기하자면, 내가 창업할 지역에서 일반적으로 내가 많이 취급할 물건(업종)이 중개 계약이 체결되었을 때 내가 받을 수 있는 수수료(중개수수료, 컨설팅 수수료, 용역비 등, 이하 수수료라고 통일하겠다)를 계산해봐야 한다.

예를 들어, 사무실 임대차를 주업종으로 선택하고 강남구 역삼역 지역에 오픈했다고 가정해보겠다. 나의 타깃이 연면적 500~1,000평 규모의 사무실이라면, 대로변 건물보다는 이면 중소형인 경우가 많을 것이다. 1층당 임대 면적이 70~100평이고 실면적이 40~60여 평 정도 형성될 것이다. 이면이더라도 이 정도 면적을 사용하는 데는 600~900만 원 정도는 임대료를 내야 한다(역세권 여부, 신축·구축 여부, 건물 규모 등의 변수에 따라 1,000만 원이 넘어가는 경우도 있을 것이다). 물건(건물)이 내 사무실의 매물장 안에 있는 공실이고 고객도 내가 찾은 고객이라고 가정할 때, 중개의 경우는 양쪽에서 수수료를 받게 된다. 임대 대행의 경우는 일방 대리로 건물에서만 수수료를 받아야 하는 상황도 있지만, 이런 경우가 여러분 대다수가 선택한 지역, 업종의 평균 계약이 될 거라면 약식으로 단가를 보수적으로 500만 원 정도로 정해보자.

나의 단가 = 500만 원(1건 계약)

1년에 1억 원을 벌고 싶다면, 나의 단가로 계산하면 매달 1.5~2건 임대차 계약을 해야 한다. 이런 단가 계산이 필요한 이유는 영업량과 영업시간도 이 단가에 의해서 결정되기 때문이다. 오피스텔이나 주거 임대차(전월세)를 위주로 한다면, 단가가 100만 원이나 그 이하로 내려가기 때문에 건수를 높여 매출 목표를 맞춰야 한다. 건수가 늘어나려면 마케팅 방법도 더욱 늘려야 하니 사무실을 선택하거나 광고 비용 등을 결정할 때도 이런 컨디션을 고려해야 한다.

절대 부동산 중개업 창업을 주먹구구로 하면 안 된다.
'어떻게든 되겠지?' 이런 생각을 하면 망한다.
중개업만큼 통계적이고 숫자에 민감한 직업도 없다.

창업 계획서 (출처 : 저자 작성)

중개업 창업은 철저한 창업 계획에 따라 진행해야 한다. 투입될 비용과 손익분기 예측을 철저히 한다. 계약이라는 유동성 강한 외부 요인이 존재하는 직업인 만큼 수시로 계획을 점검하고 보정한다. 부족하면 만회 계획을 수시로 세운다.

대기업의 사업 계획 수준으로 여러 장표로 거창하게 사업 계획을 세우지는 않아도 좋다. 이 페이지 단계까지 가장 중요한 건 '계획과 목표'라는 단어다. 앞으로 이야기할 액션 플랜(Action Plan, 업무량 관리)을 세우고 지키는 것이 제일 중요한데, 업무량 관리를 위해서는 지금까지 이야기한 '영업지역 선정, 주 영업 업종 결정, 취업인지 창업인지에 따라 자금 준비 계획, 나의 단가 계산해 내기'가 실질적으로 도출되었다면 여러분이 연습장이나 수첩에 수기로 적었다 하더라도 좋다.

남에게 보여주려고 사업계획서 짜라는 것이 아니다. 대신 무조건 세워야 한다.

[과제] 다음 Part로 넘어가기 전, 사업계획서를 작성한다.

창업 지역 내
중개업 매출 파악하기!

1. 성장 목표

앞서 창업 계획서를 작성할 때도 작성 칸이 있는 핵심 3가지 목표는 '성장'에 포커스를 맞춰본다. 부동산 전문가로서 성장하는 데 포커스를 맞추고 세일즈(부동산 영업)을 이어나가야 한다. 이 말이 이해가 지금은 안 될 수도 있다. 우리 업은 타인의 전 재산이나 다름없는 재산을 거래해주는 직업이다. 어떤 능력과 업의 깊이를 가지고 있는가에 따라서 '고객이 받는 이익과 혜택'은 완전히 달라진다. 재미있는 것은 고품질의 서비스를 경험한 고객은 지갑을 연다는 것이다. 중개업은 수수료 수입을 극대화해야 하는 운명의 직업이 아닐까?

최소 1년에서 3년 정도의 사업 성장 목표를 세워야 한다.
첫해는 창업 후, 사업이 최대한 안착할 수 있도록 폭발적인 홍보와 신규 고객 접촉량을 가져가야 한다. 첫 1년 차에 접촉해둔 고객 덕분에 평생을 먹고 사는 공인중개사 지인들의 이야기를 종종 듣는다. 물론, 첫 만남 이후에는 내 고객 리스트에서 A, B, C, D로 구분해서 계속 관리해야한다.

특히 1년 차 성장 목표를 수립하기 위해서는 사전에 염두해둘 것이 있다. 내가 영업하는 지역의 경쟁사 매출, 경쟁사의 유능한 에이전트(공인중개사), 주변 공실들의 임대가, 주변 매물의 매매가 등을 파악하는 것이다. 이 내용을 파악해나가다 보면 지역 1등 공인중개사 사무실의 매출은 어느 정도이고 해당 매출을 어떤 경로로 누가 만들어나가고 있는지 파악하게 된다. 경쟁사(또는 경쟁자)의 장단점을 파악하고 나의 장단점을 분석해 지역에서 나의 사무실이 1등 공인중개사 사무실이 되는 방법을 찾아내야 한다. 그 방법을 실행하기 위한 계획이 자연스럽게 '성장 목표'가 된다.

성장 목표를 세울 때, 꼭(!) 잊지 말아야 할 것은 중개업 실무에 관련된 정량적인 매출 상승 목표나 전속 물건의 숫자 등 고객을 늘리는 목표와 더불어 정성적인 목표도 함께 세워야 한다는 것이다. 연간 부동산 관련 독서량, 2년 차에 대학원을 입학하겠다는 계획(선택), 미처 마치지 못한 각종 교육이나 부동산 전문 교육 마치기, 최근 세상의 마케팅 흐름에 맞추기 위해 유튜브 등 SNS 채널을 개설하고 연간 ○○건의 콘텐츠 업로드를 목표로 할 수도 있을 것이다. 유튜브로 정보를 수집한 MZ세대가 빌딩을 매입하는 세상이 되었다. 이 글을 쓰고 있는 나를 포함해 이 책을 읽고 있는 여러분조차 이제는 생각보다 우리의 고객보다 나이가 많아졌다. 고객의 니즈(Needs, 원하는 것)를 충족시키는 마케팅 방법을 연구하고 적용하는 것도 또 하나의 성장 목표로 삼을 수 있을 것이다.

어떻게?

1년 차, 3년 차 계획을 세울 수 있나?

그 답을 주기 위해 여러분은 이 책을 읽고 있는 것이다.

부동산 비즈니스의 사업을 계획을 연 단위로 세우기는 상당히 어렵다. 그러나 나는 28여 년간 부동산 일을 하면서 해마다 이런 연 단위 계획을 세워왔다. 재미있는 것은 처음에 부동산 일을 시작하는 사람들도, 몇 년간 부동산 영업을 이어나가고 있는 사람들도 마찬가지인데 생각보다 세운 계획대로 많이 이루어진다는 것이다.

그 이유는 몇 가지가 있다.

가장 큰 이유는 한 지역에서 해당 지역의 땅(토지)에 박혀 있는(건축물) 빌딩들(건물주, 소유자)과 그 빌딩을 사용하는 사람들(임차인)을 계속 만나면서 그 만남이 지속되면서 '부동산 이슈'가 끝이 없이 이어지기 때문이다. 앞서 'Income Chain'(삼각형 표)에서 언급했듯이 프로스펙팅(Prospecting, 신규 고객 접촉)을 지속적으로 해나가는 과정에서 많은 고객을 만나면 만날수록 수익으로 비교되는 꼭짓점의 크기가 커진다고 이야기했을 것이다. 그렇다면 수익화되지 않고 버려지는 가망 고객(접촉한 사람들)은 훨씬 많다는 이야기 아닌가? 심지어 90~95%에 이를 것이다.

그 버려진 90~95%의 고객은 실제 버려진 것이 아니다.

여러분이 영업하러 갔던 그 시점에만 부동산 이슈가 없었던 것이다. 그들이 부동산 이슈가 생겨 이사를 하거나 부동산을 매매하려고 했을 때 여러분에게 제일 먼저 연락할 수 있도록 지속해서 관리해야 하는 이유다. 중장기 영업 계획을 세울 때 이 중 일부가 내 계획과 무관하게 수면으로 올라온다. 이건 운과는 다르다. 정확히 표현하자면 운을 대기시켜놓는 과정이다. 장기 계획에는 이런 운이 작용한다. 그렇다면 단기 계획은 어떠한가? 단기 계획은 적게는 몇 개월 후를 예측하는 것으로 지금 이 책의 취지와 같이 창업이나 취업 전 최소 몇 달 정도 만나기 시작한 파밍 과정에서 만난 파밍지(영업 대상 지역)의 건물주, 임차인들이다. 파밍지라고 자주 표현하는데 막상 영어와 한자가 섞인 이상한 말이다. 영업 대상 지역이라고 이해하면 된다.

공실 정보를 접수했다면, 해당 공실을 언제까지 임차인을 유치할지 나만의 계획을 세운다. 그 계획이 2개월 이내여야 한다면, 창업일자 2개월 후 일정표에 가상 매출로 잡는 식이다. 만약, 신축 건물이 파밍 지역 내 있다면 준공 시점까지 여러분이 해당 건물의 전체 연면적 중 30% 정도는 본인이 준공 전, 임차인 유치를 하겠다는 계획을 잡고 해당 예상 매출(수수료)을 해당하는 달의 가상 매출로 잡는 것이다. 가상 매출이지만 금액과 시기를 정한다. 실제 업무가 시작되면 원래 계획상에 들어있지는 않은 부동산이나 고객이 접수되어 진행되기도 한다. 그래서 러프하게 잡아놓은 일정이지만 매출 목표 금액에 근접하게 달성이 된다. 여기서 중요한 것은 러프하게 잡더라도 목표 매출 금액 자체는 '여러분의 진짜 목표'여야 한다는 것이다. 그리고 그 진짜 목표를 달성하기 위한 영업량을 세우고 지키는 것이 실제 달성을 가능하게 만드는 핵심이다.

하루 10명을 만나는 영업을 유지한다면,
여러분의 매출에 한계가 없을 것이다.

이런 표현을 자주 한다. 위에서 언급한 목표를 달성하기 위한 영업량을
강조하고 싶다.

항상 기억하자! 진행하는 고객 숫자가 적은 사람은 계약할 수 없다.
당연히 진행하는 고객 숫자는 평소 만나는 신규 고객 접촉량에서 결정
된다.

질은 양에서 나온다!

2. 자금 계획 구체화 : 오픈 비용 계획(영업 안정화 기간 까지의 영업비 비축)

이 책의 이 페이지까지 읽었다면 창업이나 취업을 희망하는 지역과 업
종은 결정했을 것이다. 이 책을 매뉴얼 삼아 2~3개월, 길어도 6개월 내 공
인중개사 사무실이나 중개법인 창업 또는 부동산 회사 취업 준비를 마쳐
야 한다. 특히 창업을 희망하는 공인중개사라면 이 과정을 1~2개월 진행
하는 동안, 과제로 수행하는 활동들이 결국은 지역에서 사무실을 오픈한
개업 공인중개사들이 어차피 해야 하는 물건 발굴, 고객 방문 활동이기 때

문에 오픈 비용 중에서 창업 후의 안정화 단계까지의 예비비를 아낄 수 있을 것이다.

더 큰 의미가 있는 것은 오픈 전에 창업이나 취업을 희망하는 지역을 병원에서 엑스레이나 MRI 찍듯이 스캔을 모두 마치고 개업이나 취업을 하는 효과를 가져오기 때문에 실패 확률이 현격히 줄어들게 될 것이다.

"계약이 넘쳐나는 공인중개사 사무실은 그 어떤 핑계로도 절대 사무실을 다른 사람에게 내놓지 않는다." 잘 되는 식당이 건강이나 이민을 이유로 내놓는 일이 없듯이 말이다.

앞에 언급한 창업 계획서에도 몇 줄 적혀 있지만, 이왕이면 이번 기회에 내가 나의 언어와 나의 계획으로 빈 페이지에 나만의 사업 계획을 세워보자! 크게는 창업 비용, 창업 후 안착을 위한 생활비(영업비)를 나눠 계산한다.

창업 비용의 주요 항목

(1) 사무실 비용 : 보증금, 월세(3~6개월), 인테리어 비용, 각종 권리금

권리금(사무실 바닥 권리금 또는 영업 권리금 기타)
: 권리금에 대해서는 할 말이 많지만, 정답은 없다. 선택이다!

내가 강력한 영업력을 장착했는데 자금력이 충분하다면, 최고의 자리를 임차해 영업하기를 권한다. 일부러 나쁜 자리를 선택할 필요는 없다. 그러나 기본적으로는 높은 권리금으로 좋은 자리지만 작은 공간을 임차

하는 것보다는 좋지 않은 자리더라도 넓은 공간을 임차하기를 권한다. 건물의 1층이 아니더라도 고객이 찾아오기에 편하고 주차가 편한 넓은 공간을 임차해 회사의 모습을 갖추고 영업을 시작하는 것이 좋다. 사실, 1층에 오픈해서 찾아오는 방문객의 대부분은 고객이 아니다(잡상인라고 표현하기는 싫다).

(2) 사무실 집기 비품

무에서 유를 창조한다는 격이다. 얼마나 자질구레한 물품이 필요한지 모른다. 이 책을 읽고 있는 예비 창업자들은 이 매뉴얼대로 영업의 재료인 물건 데이터 정리, 고객 미팅을 이어나가는 과정 중 저녁 시간, 주말 시간을 잘 활용해서 틈틈이 정리된 목록의 물품들을 박스에 차곡차곡 넣어두기 바란다. 사무실이 결정되면 바로 사용해야 한다. 이런 것들은 애교다. 매우 중요하지 않지만, 회사를 창업한다는 관점에서 보면 처음 창업하는 여러분은 사장이자 경리이며 행정 직원이다. 진짜 일인다역이다. 여러분의 회사 창업을 남이 도와줄 것으로 생각하면 안 된다. 개업 후, 사무실 안에서 필요할 때마다 문구점이나 다이소에 가서 살 생각은 하지 마라! 개업 즉시 여러분의 1시간은 수십만 원의 가치를 갖는다는 것을 명심하자!

  : 엑셀 파일을 열고, 필요한 것들을 틈틈이 적어보고 구입 비용의 합을 내본다.
  : 컴퓨터, 프린터, 모니터, 브리핑용 대형 모니터, 에어컨, 스피커, 각종 조명 등 목돈이 들어가는 비품들도 사무실 인테리어에 어울리게 미리 준비하고 가급적이면 통일성을 갖게 만들어라! 무작정 싼 것들로 조합해서

사무실이 번잡스럽고 돈 없어서 어디서 주워서 가져다놓은 것처럼 보이게 하지 마라! 그런 인상은 비전문가로 보이게 만들고 심하게 표현하면 제대로 수수료를 받지도 못하는 요소가 된다.

고객은 우리를 전문가로 봐야만 자신들의 지갑을 연다.

목표 매출 달성을 위한 플랜 세우기

신규 고객 접촉 목표량 수립(매출 단가에 따라 수립)

앞서 '단가'라는 표현을 했다. 여러분이 영업, 창업, 취업을 할 지역에서 실제 창업이나 취업을 했을 때 가장 많이 취급할 물건(부동산 종류)을 여러분이 계약했을 때, 청구할 수수료의 평균 금액을 단가로 정하고 사업 계획을 세워야 한다. 그 단가에 따라서 매일 출근해서 만나야 하는 신규 고객의 숫자(Prospecting Numbers)가 결정된다.

여러분은 창업, 취업 전에 이 책에서 강조하듯이 매물, 고객을 확보해 개업 즉시 지역에서 이미 10년 된 공인중개사처럼 활동해야 한다. 그러나 실제 초심자로서 겪을 시행착오는 분명히 있을 것이다. 따라서 이 목표의 초기 3개월 일정은 정말 치밀하고 숨이 턱에 찰 정도로 빡빡하게 짜야 한다. 창업은 내가 나를 책임지는 무한 책임의 영역이다. 아직도 놀고 싶은가? 창업 초기 6개월은 물론, 준비하는 2~6개월조차 당신은 절대 놀 생각을 해서는 안 된다. 이 노력과 땀방울은 여러분을 평생 고소득의 공인중개사로 만들어줄 것이다.

창업 전후 6개월이 여러분의 사업의 성패를 좌우한다.
성공할 공인중개사와 폐업할 공인중개사는 창업이나 취업 첫날부터 다르다!
그런 모습을 평생 봐왔다.

40페이지의 표를 샘플로 여러분의 매월 매출을 관리해보기 바란다.

매월 계획에서 가장 중요한 것을 한 단어로 표현하자면 모멘텀이다. 계획을 아무리 잘 세워도 작심삼일이 되면 '영업은 폭망'하게 된다. 부동산 세일즈를 포함해 모든 세일즈 성공의 기본은 '신규 고객 접촉'이다. 이 기본을 얼마나 꾸준히 유지하느냐가 성공도 매출도 좌우한다.
중개업은 지극히 성실하고 정직한 직업이다. 오래 했다고 잘하는 일이 아니라 성실하게 매일 일정 숫자의 신규 고객을 긴 세월 동안 만날 수 있는 사람이 이기는 게임이다.
매월 진행하고 있는 A급 고객이 계약 체결 시, 발생할 매출액과 매출 발생 시기를 체크한다. 영업이 그냥 그저 그렇게 흘러가는 대로 놔두지 마라!

관리하라! 여러분 중개업의 매니저는 여러분 자신이 되어야 한다.

Monthly Business Plan

◇ 전월 평가

성공적 업무	보완 필요요소	미진한 내용

◇ 다음달 최종 보정 목표

	계약 건수	계약 실적
이달의 기존 목표		₩
이달의 예상 실적		₩
목표달성 및 수정사항		₩
만회 계획		

◇ 신규 고객 접촉 대상 설정

구 분	대상 고객	고객적인 활동 계획
물건	예) 영업지역내 신축빌딩	건물주 사무실로 방문
고객		

월간 사업 계획표   (출처 : 저자 작성)

Name:

◇ 예상 수익(계약 및 청구서 발행 예정)

고객사(이름)	계약예정일	입금예정일	기대 매출액
			₩
			₩
			₩
			₩
			₩
			₩
			₩
			₩
			₩
합 계			₩

◇ 마케팅 방법별 목표 건수

단위	하루업무시간	전화 전수	물건 접수	고객 접촉	제안 및 기타
일목표	시간				
1주 누적	시간				
2주 누적	시간				
3주 누적	시간				
한달 누적	시간				
달성율 (%)					

앞의 표를 보면, 하루 업무 시간, 전화한 건수, 물건 접수 건수 등 공인중개사로서 출근해서 하루를 어떻게 보내야 하는지를 보여준다. 하루를 보내는 시간을 늘리는 것도 매우 중요하지만, 더 중요한 것은 고객을 만날 수 있는 시간대에는 고객을 최대한 만나게 시간을 관리하고 나 혼자 해도 되는 서류정리, 제안서 만들기 등은 출퇴근 시간을 전후해서 하는 것을 권한다. 창업 초기에는 주 7일 하루 14시간을 일하기를 바란다. 걱정하지 마라. 단, 잠은 충분히 자고 식사도 잘하기를 권한다. 몇 년을 그렇게 살아도 '안 죽는다.' 오히려 '적응된다!' 특히 초심자들은 만나는 가망 고객이 모두 미팅으로 이어지거나 고객화되는 것이 아니기 때문에 확률상 나의 노력이 통계를 이기게 만들어야 한다. 창업, 취업 초기 3~6개월은 하루에 5~10명은 신규 접촉을 할 것을 권한다.

권한다가 아니고, 해야 한다!
진짜 단순하지만 안 망하는 최고의 방법이다.
매일 만난 사람은 퇴근 전에 A~D로 분류해서, 계약으로 점점 좁혀 나간다.

관리하던 A급 고객 상담 카드에 빨간색으로 계약 완료라고 쓰고 계약 완료 파일로 옮기는 의식과도 같은 기쁨을 여러분들이 자주 맛보길 응원한다.

Today's Prospecting Card / 신규 고객 접촉

| Name: | / Date: | / **접촉 건수** ( ) / **A급 고객** ( ) |

오늘의 신규 접촉

고객명 (회사)	연락처	이슈 (매매, 임대, 기타)	향후 진행 계획
1.			
2.			
3.			
4.			
5.			

일일 신규 고객 접촉 카드

(출처 : 저자 작성)

지리 익히기
(기초적 맵핑 : Basic Mapping)

1. 지역 내 랜드마크 중심으로 단순 지도 암기

'길치'는 절대 부동산 일을 할 수 없다? 맞다!

지금까지 창업, 취업할 지역을 선정해서 창업, 취업 희망지역에서 창업에 필요한 비용과 내 영업의 단가 계산, 연간 희망 매출(월별 매출)을 정했다. 그렇다면 이제는 본격적인 '영업'에 돌입해야 한다. 초심자인 신입 에이전트들에게 항상 강한 세일즈를 강조하고 있지만, '구슬이 서 말이라도 꿰지 않으면 소용없다고 하지 않는가?' 그런 측면에서 이 장의 지리 익히기는 구슬의 위치를 파악하는 과정이다. 워밍업도 되지 않은 상태에서 너무 달리면 무리가 오니, 나는 지리 익히기부터 시작하자고 이야기한다.

눈을 감고 상상을 해보자.

여러분이 창업, 취업하려고 하는 동네를 떠올려보자.

예를 들어 시뮬레이션을 해보는 것이다.

역 앞에서 50m 앞에 보이는 파리바게뜨를 끼고 우회전해서 골목길로 접어들었다. 첫 번째 건물은 어떤 자재로 외벽이 이뤄져 있고 1층에 어떤 가게가 입점해 있는지 그려보자.

어떤 영화의 한 장면처럼 골목길을 들어섰는데 건물이 순서대로 다 기억나고 1층 가게는 어떤 가게인지 알아야 한다. 몇 번째 건물에 공실이 있고 어떤 건물이 매매로 얼마에 나와 있는지도 떠올라야 한다. 머릿속의 그 골목 속에는 이미 영업 중인 공인중개사 사무실도 보일 것이다. 재미있는 것은 그 공인중개사 사무실 대표는 생각보다 그 동네를 잘 모를 수도 있다. 여러분이 중개업을 어느 동네라도 창업해서 지역 1등 공인중개사가 될 수 있는 이유도 여기에 있다. 내가 강조하는 파밍은 지리 익히기로 시작해서 지역 암기로 이어지고 진정한 파밍으로 완성하는 것이다.

여러분은 이미 창업, 취업 예정인 지역(동네)의 결정을 마친 상태다.

당연히, 파밍을 위한 맵핑이 1차적으로 준비되어 있을 것이다. 쉽게 이야기해서, 돌아다닐 지도는 만들었지 않은가?

'나만의 지도 만들기!'는 부동산 영업을 하기 위한 첫 단추다. 길도 모르는 공인중개사는 당연히 없다. 그런 공인중개사는 공인중개사가 아니다. 그냥 공인중개사 시험에 합격해서 공인중개사 사무실을 오픈한 사람일 뿐이다.

그냥 사람! 욕하고 싶지는 않지만 '업'을 하는 전문가로서 자격이 없는 사람이다. 장롱 면허를 가진 공인중개사인 것이다! 이렇게 강하게 이야기 하는 이유는 그런 분들이 창업을 안 하는 것이 그분들의 '돈'을 지켜줄 수 있기 때문이다. 창업하지 말라는 것이다!

그냥 동네 골목을 돌아 다니면 = 어슬렁 = 산책
부동산적 사고로 돌아 다니는 산책 = 파밍 = 영업
부동산적 사고로 돌아다니는 산책이란? 영업이다!

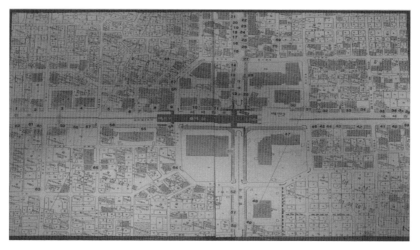

역삼역 지도   (출처 : 저자 제공)

이제 나만의 지도를 들고 현장으로 나가자. 나만의 지도는 결국 내가 영업하는 지역을 표시하는 구역 표시라고 볼 수 있는데, 어차피 지도 밖의 동네도 모두 영업 가능 지역이니 처음부터 무리하게 구역을 잡지 않는 것 이 좋다. 구역을 정하는데, '역삼동'이라고 크게 정하지 말라는 뜻이다. 평생을 일해도 역삼동을 다 파악하기 힘들다. 건물 300~500개 정도가 들어간 지도가 바람직하다.

지도를 출력해 편집하거나 구입한 경우, 영업 대상이 되는 건물들의 리스트도 별도로 만들고 처음부터 '나만의 관리 코드' 등을 부여해 관리하자. 그러면 향후 물건 숫자가 늘어나거나 영업지역을 넓히는 과정에서 매우 편리해진다.

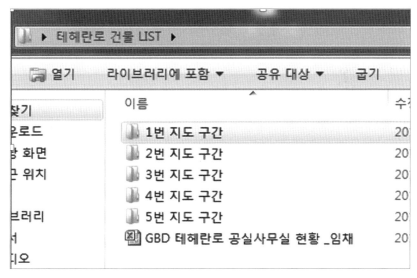

영업 구간 지도와 건물 리스트 편집 (출처 : 저자 제공)

일본 영화 〈춤추는 대수사선〉에 나온 명대사처럼 "답은 현장에 있다."

사무실 안에는 고객이 없다! 지도를 들고 사무실 밖에 있어야 한다!

2. 영업지역 내 공실 및 임대료 조사

앞서 머릿속으로 상상할 정도로 지리가 익혀진 시점에서 이제는 실질적인 '중개를 위한 재료'를 수집하고 수익으로 이어지도록 '중개나 컨설팅'을 진행해야 한다. 지금부터의 산책은 데이터를 수집하고 구축하는 것이다(전속 매매 및 임대 물건 확보, 수주를 위한 리스트, 공실 정보 파악, 건물별 주요 임차인 파악, 지역 내 대형 건물을 포함해 건물주 파악, 신축 빌딩 공사 개요 파악 및 건물주 접촉 시작 등).

창업, 취업 초창기에는 물건 위주의 영업을 하는 것을 권한다. 특히 일반 중개보다는 전속 중개를 해야 한다. 극단적으로 표현하면, 전속이 아니면 물건과 고객을 진행하지 않는 것이 좋다. 포털 사이트에서 매물을 검색하다 보면, 웃음이 난다. 비슷한 금액대의 빌딩 매물이 심하면 수십 개가 한 동네 매물로 검색이 된다. 아무도 전속이 아니라는 뜻이다. 그중 좋은 물건이 있으면 오히려 나도 매물로 접수하러 건물주를 만나야겠다는 생각이 든다. 차이점은 나는 '매도 전속 용역 계약서'를 들고 가서 고객에 설명하고 전속으로 접수받는다는 것이다. 누구나 다 거래할 수 있는 물건은 결국 아무도 거래를 못 하는 상황이 연출된다. 실력이 좋은 지역 공인중개사들이 거래를 성사시키기는 하지만, 여러분이 그 지역에서 1등인 상태로 창업하는 것은 아니기 때문에 본인이 가지고 있는 핸디캡을 모두 보완하고 일을 하라는 의미다.

전속이 아니면, 극단적으로 일을 하지 말라는 의미다! 물론, 시간이 흐르고 충분히 경력이 쌓이면 전속이 아닌 경우도 일을 진행해도 좋다. 그때는 일반 중개로 일을 시작해도 진행 과정에서 전속화할 수 있는 스킬도 생기고 고객을 뺏기지 않는 고객 관리 능력도 생길 테니 말이다.

대신 강력한 집중력으로 책임 중개를 해야 한다.
: 내 건물이라는 마음으로 중개
그럴 수밖에 없는 환경에 여러분은 놓여 있다.
: 신규 창업자로서 몰입의 수입 창출

가장 손쉽게 확보할 수 있는 데이터는 지역 내 공실 데이터다. 나만의 지도 내 건물들을 순서대로 만나는 과정에서 공실이 있는 건물이나 공실 예정인 건물들이 파악되고 해당 건물 내 임차인들도 만나는 영업의 행군 속에서 임차인에 의해 접수되는 이전 이슈로 인한 공실 예정 물건도 나의 매물이 된다.

이렇게 접수되는 공실 데이터는 '나만의 매물장'에 기록하기 시작한다.

이 나만의 매물장(공실 조사표)은 같이 수집할 고객 데이터, 건물 내 임차인 조사를 통해 만들어지는 '고객 상담 카트, 고객 리스트'와 연동되어 여러분의 중개를 완성시키는 강력한 반쪽이 될 것이다.

GBD지역 공실정보(테헤란로)

동	지번	빌딩 이름	준공년도	임대면적(평)	전용면적(평)	전용률(%)	보증금	임세	관리비	평별	해약	무료	
대치동	946-1	글라스타워	1995	301	159	52.8%	26,187	2,618	1,053	8.7/8.7/3.5	8		9층(184/97)/ 10층(374/1
대치동	945-1	흥우빌딩	1992		80					6.5/6.5/3.2	13	50:1	
대치동	945-2	세명빌딩	1995	69	38	55.1%	9,000	333	153		8		전기,가스,별도 /무료주차 3
대치동	945-5	슈페리어 타워	2009	128	90	70.3%	20,000	1,250	256		14	60:1	수수료 X
대치동	944	삼흥II	1991	169	89	52.7%	84,500	1,267	490		4		
대치동	943-19	신안빌딩	1996	450	250	55.6%					7	90:1	임대조건 문의
대치동	942	해성1빌딩	1990	288	161	55.9%	18,720	1,900	979	6.5/6.6/8.3	3	58:1	
대치동	942-10	해성2빌딩	1995	341	167	49.0%	22,165	2,250	1,159	6.5/6.6/8.3	13	50:1	4층(216/105) / 8,9,13층(
대치동	889-11	대치빌딩	1995	257	135	52.5%	19,275	1,927	848	7.5/7.5/8.8	5	80:1	오피스텔건물로 지하 부동
대치동	889-13	금암타워	2004	110	58	52.7%	8,800	880	286	80/8/2.6			4~7층 건물19평부터 39
대치동	809	유니온스틸빌딩	2004		131	#DIV/0!				76/7.6/3.4	3		11층 전용108평
대치동	809-8	연봉빌딩	1993	246	145	58.9%	16,728	1,672	861	6.8/6.8/3.5	12		16층(169/100) 인테리어
삼성동	158-13	K타워	2010	361	176	48.8%	60,000	2,400	1,266		11	70:1	공용면적 10평 추가로 사 주말 주차가능
삼성동	144-27	본솔빌딩	1997	293	150	51.2%	37,500	1,318	820	12.9/4.5/2.8	11	60:1	13층(293/150) / 14층(28
삼성동	144-23	연명빌딩	1995			#DIV/0!				5.5/2.5	7		
삼성동	144-22	삼영빌딩	1994	116	70	60.3%	10,000	540	290		7	40:1	4층공실(58/35) 3800만/2 7초 고시 이저

공실 조사표(= 나만의 매물장)   (출처 : 저자 작성)

매물장의 조사 항목을 여러분의 영업지역에 있는 주거래 물건들의 스펙에 맞춰 만들면 향후 여러분의 회사의 강력한 무기가 될 것이다. 더불어, 머릿속의 나만의 지도와 연동되어 위치별 부동산의 임대가, 매매가를 자동으로 계산하는 백데이터가 되어줄 것이다. 지역 부동산 시세의 변별력이 자동으로 만들어지는 것이다.

영업 대상 건물별 주요 임차인 리스트   (출처 : 저자 작성)

빌딩 입주자 조사표

빌딩 임차인(입주자) 현황 조사표 2013.09.16

빌딩코드 : 테헤란33   빌딩명 : 삼경빌딩   주소 : 역삼동 824-20
기본정보 : 지하3층/지상14층, 건축면적(501.96m2/**152평**), 연면적(9523.01m2/**2,885평**), 사용승인 : 1986.05.08
특이사항 : 공실(X),
임대문의 : 02-557-▇▇(관리실),

빌딩입주자 현황

층/호	회사명	전화번호	담당자	의뢰여부	비고/이주계획 임차조건
1,2층	Olleh avenue				
3층	메리츠화재보험㈜				
4층	Olleh A/S 센터				
5층	강남전직지원센터				
6층	엘씨지컨설팅㈜	02-567-▇▇			기업컨설팅
	메리츠화재보험				
7,8층	메리츠화재보험㈜				
9층	대한생명보험㈜				
10층	알리안츠생명보험㈜				
11층	메리츠화재보험㈜				
12층	유비엠메디카코리아	1544-▇▇			의약정보제공회사
	대한민국의약정보센터				상품명(KIMS)

공실 조사표 건물별 개별 임차인 리스트   (출처 : 저자 작성)

건물별로 개별 원장을 만들어, 해당 건물의 주요 임차인의 명단을 관리하다 보면 앞으로 렌트롤에 준하는 임차인 정보를 만들어나갈 수 있다.

창업 및 취업을 희망하는 지역에서 부동산을 소유한 사람과 그 건물을 사용하는 사람들을 만나는 과정을 통해서 소유자의 히스토리와 스토리를 듣고 임차인들이 해당 지역과 본인들이 사용하는 부동산에서 어떤 만족과 불만족을 하고 있는지 이사나 부동산 매입을 희망하는 상황인지를 파악하고 기록해나가자. 그러다 보면 자산관리회사가 특정 건물에 대해서 확보된 임차인, 임대인 정보, 계약 정보 등이 모두 파악되어 렌트롤과 같은 기능의 관리가 가능해지는 것이다. 신축 건물의 입주 날짜가 6개월 후인데 현재 3~4개월 후가 되면 계약이 만료되어 연장이나 이전을 해야 하는 지역 내 임차인에 대한 정보도 알고 있게 되니 이사를 제안하는 것은 너무나 당연하고 쉬운 일이 된다.

이런 일련의 영업 활동 속에서 접수하게 되는 공실 정보, 매물 정보, 건물주 데이터, 임차인 데이터, 각 부동산의 장단점, 지역 내 신축빌딩 정보 등이 파악되고 모든 정보는 결국 고객화가 가능한 데이터들로 향후 전속으로 추진해 여러분의 강력한 수익원으로 확보될 것이다. 전속으로 부동산 거래를 진행하다 보면, 전속 기간, 전속을 받은 업무가 성공하게 되면 발생할 수수료 액수와 입금 시기 등이 예측 가능해지기 때문에 앞서 언급한 사업 계획들이 창업이나 취업 후 3~4개월이 지난 시점부터는 소설과 같은 예측이 아니라 가능성이 보이는 계획으로 변경되는 것이다.

구 분	내 용	비고
1단계 : Mapping	DB구축 지역 지도 제작	편집 지도 사용 (데이터와 연동이 가능하도록)
2단계 : 지리 파악 및 구비 서류 확보	DB구축에 필요한 Back Date 확보(공부, 사진 포함)	
3단계 : 입주자 조사 및 건물주 인적사항 파악	실제 DB구축의 키포인트 (건물 주연락처, 관리사무소 연락처, 주요 임차인 연락처 확보)	마케팅을 위한 접촉라인 확보
4단계 : 수주 가능 시스템 구축	매매, 임대 등 분야별 수주가능한 응대 시스템, 제안시스템 구비	각종 제안서 기본품 및 담당 업무분장, 회사소개서 제작 (브로셔, 판촉물 등)
5단계 : 마케팅 실시	1차 회사 소개서 발송	수령 여부 해피콜, 방문 약속
6단계 : 방문 제안 실시	샘플 제안서 등 소개와 전속관리 (임대, 매매, FM)가능여부 타진	* 병행 : 대형 건물 소유사 대상, 홍보와 RFP 접수 유도 실시(담당자)
7단계 : 지속 관리	현재 관리주체에 대한 교체시기 꾸준히 파악	신규 외부 수주 목표 달성

데이터 구축 단계 요약

(출처 : 저자 작성)

중개업에 필요한
기초 데이터 확보하기

1. 공실 건물 임대 정보(건물, 건물주 데이터)

공인중개사(중개법인)를 창업하는 데 있어서 예비 창업자, 취업을 희망하는 공인중개사가 창업하는 과정에서 앞서 지역을 정하고 중개업에 필요한 각종 데이터를 나만의 지도 안에 포함된 부동산들과 그 부동산을 사용하는 임차인들을 대상으로 수집하는 방법에 대해서 이야기했다. 여기서, 궁금한 점이 생긴 분들이 있을 것이다. 보통은 공인중개사 사무실을 오픈할 때, 자격증 공부할 때 배운 개설 방법대로 내가 원하는 지역을 정하고 사무실을 개설할 공간(빌딩, 상가 등)을 임차하거나 상가를 분양받아서 지역 관청에 허가를 낸다. 이런 경우 문제는 지금까지 내가 언급한 부분들을 그때 가서 시작해야 하는데, 방법도 막연하고 아무도 도와주는 사람이 없다는 큰 벽을 만나게 된다. 그런 용기 있는 개업도 상당히 많다는 것이다. 어떻게 보면 아무 생각 없이 막연하게 오픈하면 어떻게 되겠지? 이런 마음이 상당하다는 것이다. 이렇게 생각하는 이유는 최근 몇 년 사이 공인중개사 사무실의 창업보다 폐업 숫자가 더 많다는 것이다.

누가 창업을 하면서 **폐업**까지 고민한다는 말인가?

조금은 보수적이고 수동적이지만 본인이 창업이 순탄하게 진행되고 단 시간에 안정권으로 사업이 들어서게 하려고 기존의 공인중개사 사무실이나 중개법인을 인수하는 경우가 있다. 어떻게 보면, 창업 대신 취업을 선택하는 것도 이런 마음일 것이다. 우선, 기존의 사무실을 인수하는 경우를 자세히 들여다보면 단순히 공간을 인수한다는 개념보다는 실제로는 그 사무실이 몇 년간 누적시킨 고객(부동산 소유자 데이터, 부동산 내 임차인 데이터, 기존 계약한 계약 히스토리 데이터, 각종 연락처라고 불리는 전화번호 형태의 데이터들 등)을 함께 인수하는 것이다. 그 데이터들은 사무실이라는 공간에 대한 프리미엄과 더해져 때에 따라서는 부담스러운 금액의 권리금으로 여러분들의 창업 비용을 가중시킬 것이다. 그 권리금이라고 불리는 비용을 지불하더라도 기존 공인중개사 사무실을 인수해야 하는 경우도 있지만(특히, 오래된 아파트 단지 등에서 이런 경우가 발생), 보통은 그런 데이터들은 실질적으로 마음의 위안은 되지만 돈으로 쉽게 연결되지 못한다. 그런 데이터들이 돈으로 빠르게 연결되려면 결국은 '마케팅'을 해야 한다. 데이터로만 존재하면 '돈'으로 연결되지 못한다. 앞으로는 그런 데이터를 '돈'으로 전환하는 방법들에 대해서 이야기해보고자 한다.

내가 직접 만난 사람들을 통해서 축적된 데이터가 실제 내 것이 된다.
타인이 축적한 데이터를 내 것으로 만들기 위해서는 별도의 '데이터 전환 과정'이 필요하다. 여러분에게 이런저런 이유로 자신의 공인중개사 사무실을 넘기는 공인중개사가 몇 년간 누적시킨 데이터를, 이 책에서 언급하는 과정을 통해서 스스로 만들고 축적하고 관리하라고 말하고 싶다. 그것도 창업 전후 몇 달 동안에 해야 한다.

앞서 언급한 기존 공인중개사 사무실을 인수하는 경우, 원래 기존 사무실을 운영했던 공인중개사는 인근에 더 위치가 좋은 사무실로 이사를 하는 경우가 있을 것이다. 다른 지역으로 이전하거나, 업을 중단하는 경우도 있을 것이다. 실제 오래된 아파트 단지에서 글로 표현하기 싫고 힘든 여러 이유로 기존 공인중개사 사무실을 인수하는 경우라도 그 자리를 활용해서 창업에 필요한 공간을 조금은 편하게 오픈하기도 했다. 그러나 정보의 수준으로 생각해야 한다. 기존 사무실 인수가 창업을 성공으로 이끌어주지는 못한다. 공간을 구축하는 고민을 해결하고 워크인으로 고객을 유치할 수 있다는 장점과 지역 내 다른 공인중개사 사무실과 공동중개를 조금은 원활하게 할 수 있다는 정도다.

결국은 영업인으로서 내가 영업을 안 하면 타인이 만든 데이터가 넘쳐나도 소용이 없다는 것이다. 인수한 공인중개사 사무실에 가지고 있는 데이터를 확인하는 과정이 필요하고 앞으로 설명할 다음 Part에서도 언급하겠지만, 스크립트를 만들고 연습(롤플레잉, Role Playing)을 하고 접촉을 시작해야 한다.

○○공인중개사 사무실 대표가 변경되었습니다~!

○○공인중개사 사무실 ○○○입니다. 지난 달 문의해주신 약국 자리는 구하셨나요?

어떤 이슈로 접수된 고객인지에 따라 각기 다른 스크립트(대화의 시나리오)를 갖춰 전화를 건다(고객 대응력은 연습을 통해서 충분한 수준까지 끌어올릴 수 있다).

고객 대응력도 연습을 통해 향상시킬 수 있다.

스크립트(상황별 시나리오) 없이 고객을 대하지 말자! 자칫 초보로 보일 수 있다.

신규 창업, 취업한 상황이지만 초보로 보이면 안 된다. 판매하는 상품 가격이 높기 때문이다.

2. 점포(저층부 리테일)의 전화번호 확보(임대 정보, 임차인 정보 등)

영업 대상 지역(창업 및 취업 희망지역)에서 '점포의 전화번호'도 확보한다는 의미는 앞서 언급한 임차인을 조사와 다르지 않다. 공인중개사로 창업하거나 취업하려는 예비 창업자들 중 여러분이 희망하는 지역과 업종의 대부분이 중소형 물건(빌딩)으로 시작할 것이다. 특히 중소형 빌딩(꼬마빌딩)들의 대부분은 저층부(특히, 1층)가 점포(상가, 리테일)인 경우가 많다. 창업, 취업 전 몇 달의 시간을 미리 투자해 지역 내 고객과 물건 발굴 활동을 마치고 데이터를 가지고 영업을 시작하자는 것이 이 책의 취지인데 데이터 수집의 또 다른 분야가 리테일이다. 1층 임대료는 얼마인지, A급인지 B급인지 위치와 영업 매출에 따른 임대료 및 매매가 차이 등 지역 내 상가 시세도 파악을 마쳐야 한다. 쉽게 표현하자면 공실 자료의 일환으로 1층, 지하, 2층 등 오피스 이외 상가의 시세를 파악해야 한다는 것이다. 이런 활동 중에 공인중개사 사무실로 오픈할 만한 자리가 보이면 협상을 통해 여러분의 사무실로 계약해도 좋을 것이다. 창업을 희망하는 지역에서 데이터를 수집하는 과정에서 본인의 공인중개사 사무실로 적합한 공간도 찾을 수 있다는 것이다. 심지어 그 자리가 최적의 자리이고 최고 적당한 가격이라는 것을 판단할 변별력을 이 책에서 말하는 과제 수행을 통해 갖게 된다는 점이다.

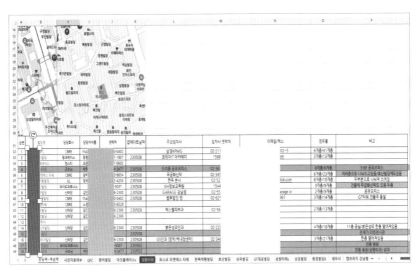

나만의 지도 내의 건물주, 건물 담당자 연락처 리스트 (출처 : 저자 작성)

나만의 지도 내의 건물주, 건물 담당자 연락처 리스트는 앞서 언급한 입주자 조사표와 기능이 유사한 도표다(초대형 빌딩 등 임차인이 많은 경우, 이 도표처럼 엑셀로 관리하면 편리하다).

건물주 정보, 건물 내 임차인 정보, 각각 담당자가 있는 경우 담당 직원의 연락처 등을 파악해 정리한다(저층부 상가, 리테일 위주 + 각 상가의 권리금도 조사).

Farming 지역 기초 시세 조사

지 역			날 짜		년 월 일	

배후 지역 타깃 수	반경 200M 내		명	목표 영업군		
선정 배경 (영업 대상 선정 이유)	예) 이런 이유로 역상역 오피스 임대차 업무로 선정					

상권 내 건물수		개		평균 규모	연면적	
주요 입주사군	( )업종		%	( ) 업종		%
공실율	전체	%	1층	%	기타층	%
	A 급지	%	B 급지	%	C 급지	%

구 분		A 급지(평당가)	B 급지
보증금 (전세환산금/평당)	지하층	만 원 ~ 만 원	만 원 ~ 만 원
	1 층	만 원 ~ 만 원	만 원 ~ 만 원
	2 층	만 원 ~ 만 원	만 원 ~ 만 원
	기준층	만 원 ~ 만 원	만 원 ~ 만 원

상권내 주 요 시 설 (1KM 내)	관공서 교육 쇼핑 교통 기타	
	★기타 : 호황 업종	

지역 상가 층별 시세 조사표 (출처 : 저자 작성)

지역 내 모든 상가 임차인이 반갑게 여러분을 맞이하고 자신들의 가게 시세를 알려주지는 않는다. 이조차 많은 거절을 당하게 된다. 공인중개사로 소개하더라도 질문 자체를 가게 이전이나 부동산 이슈로 접근하기보다는 시세를 조사하는 리서치 조사자로 보이도록 방문 스크립트를 짜고 연습 후 방문한다. 향후 자연스럽게 모두 만날 수 있을 것이다. 창업을 준비하는 과정에서는 주요 브랜드 상가, 위치가 좋은 상가, 공실 상가를 중심으로 데이터 수집을 이어나가보자!

명함 주고받기(Prospecting)의 생활화

부동산 비즈니스를 하는 사람에게 명함이란 정말 '뿌린다'라는 말이 맞을 정도로 사용하는 기본적인 홍보 수단이다. 개인적으로 한창 폭발적으로 영업을 하던 30대 초반에는 1년에 1만 명 이상을 만나야겠다는 객기에 가까운 '열정'을 가지고 있었다. 당시 역삼동의 유명 사진관인 '허바허바 사진관'에서 비싼 프로필 사진을 찍고 명함 1만 장을 주문했다. 보통 200장이 한 갑으로 되어 있는 명함 케이스로 50갑^(박스)이 배달되었다. 1년 365일로 계산하면 하루에 27명, 주말을 제외하고 250일로 1년을 계산하면 하루에 40명을 만나야 다 사용할 수 있는 양이다.

눈을 뜨고 집을 나서면, 만나는 모든 사람에게
기계적으로 명함을 줘야 한다.

부동산의 매력이면서 가장 힘든 점이 사람을 많이 만나야 한다는 점이다. 어떻게 보면 중개업 성공의 기본 핵심은 '사람을 많이 만나야 한다.' 내가 타깃을 정해서 영업지역 내 임대인, 임차인 등 고객을 만나는 활동도 결국은 사람을 만나는 것이다. 중요한 것은 만난 사람들을 분류해서 고객이 될 수 있는 사람들과 고객을 소개해줄 수 있는 사람들을 분류하고 잘 관리해야 한다는 점이다. 다음 장에서 설명할 아웃바운드 활동을 생활화하다 보면 하루에 생각보다 많은 사람을 만날 수 있다는 것을 알게 된다.

'사무실 안에는 고객이 없다.'

늘 내가 강조하는 말이다. 간혹 1층에서 혼자서 공인중개사 사무실을 운영하시는 분들이 묻는다. 밖으로만 돌아다니면 사무실은 누가 지키고, 오는 고객(인바운드)은 누가 대응하느냐는 질문이다. 그런데 재미있는 사실은 막상 1층에서 사무실을 하시면서 활동적으로 영업을 하시는 공인중개사들은 반대로 이런 답답함도 이야기한다. 지나던 사람이나 동네에서 친해진 분들이 무슨 사랑방처럼 아무 때나 찾아와서 시간을 낭비하는 일도 상당히 많다는 것이다. 그래서 여러분께 이런 환경에서 창업하는 경우라면 더욱 시간을 효율적으로 써야 하고, 특정 시간을 정해서 지역 외근(파밍)을 필수적으로 하루에 몇 시간은 해야 한다고 말한다.

예를 들어, 오전 이른 시간대에 고객이 찾아오지는 않을 것이다. 이른 오전 시간은 지역 내에 공실 조사(전화번호 확보), 신축 공사장 위치 파악 및 공사나 건물주 접촉 시도(보통 신축 공사 공사장은 이른 시간에 공사 현장이 시작된다.) 때로는 옆 블록의 신축 빌딩이나 대형 공실을 찾아 이동해본다. 그리고 사무실로 10시 전에 돌아와 사무실에서 오전 파밍 결과를 정리한다.

공실 건물의 건축물대장, 등기부등본을 발급받거나 각종 부동산 앱(애플리케이션)을 통해서 건물 정보를 파악하고 사진으로 찍어온 건물 사진이나 현수막을 보면서 전화번호를 정리한다. 이렇게 정리한 전화번호는 오후 한가한 시간에 직접 전화를 걸어 내용을 파악하면 물건 확보 및 고객 확보를 위한 기초 활동이 된다. 보통 이런 전화로 '약속'을 잡는 것을 목적으로 한다. 여러분이 전화 통화한 건물주를 만나러 가던지, 사무실로 방문하게 유도할 수 있다.

점심 시간을 잘 활용하라!
점심 시간도 영업 시간이 될 수 있다.

특히 1층 공인중개사 사무실의 경우 점심 시간에 사무실 안에서 식사하는 것은 바람직하지 않다. 고소득을 원하는 공인중개사는 모든 활동과 행동에서 이미 전문가이며 고소득자로서 행동해야 한다. 사치나 허세를 부리라는 의미가 아니다.

'이미 성공한 사람처럼 행동하라!' 이런 말이 있지 않은가!

가끔 업무 중에 내가 영업하러 나간 동네의 1층 공인중개사 사무실을 방문할 때가 있다. 그 시간대가 점심 시간대인 경우도 많다. 공인중개사도 식사를 해야 되는 건 당연한데 시간대를 잘 조절하고 점심 시간을 잘 활용하는 것이 좋다. 방금 전, 오전 시간대를 활용해 파밍(지역 영업 활동)도 얼마든지 할 수 있다는 것을 이야기했다. 일반적인 점심 시간에는 일반 사람

(고객이 될 수도 있는 사람) 대응을 위해 오히려 사무실을 지키는 것도 좋다. 때로는 사무실 문을 활짝 열고 음악도 틀어두어 스스로 편한 시간으로 만들어서 쉴 수도 있을 것이다. 지나던 고객도 자연스럽게 공인중개사 사무실에 들어올 수 있도록 유도하는 것이다. 상업 지역이든 주택가이든 부동산 이슈는 우리나라 사람 누구에게나 있다. 머릿속에 가득 찬 부동산 고민을 여러분의 사무실을 지나다 물어볼 수 있게 만들라는 의미다. 그래서 창업을 준비하면서 앞서 사무실 오픈 비용 등을 계산해보라고 이야기했는데, 사무실을 비싼 인테리어는 아니더라도 내부는 밝은 이미지와 정면 유리창 부분을 너무 가리지 않는 것을 권한다. 부담 없이 들어올 수 있는 분위기를 만들라는 의미다. 이왕이면 카페처럼 환한 분위기, 그러면서도 전문가의 느낌이 나는 깔끔한 분위기를 연출하는 것이 좋다. 울긋불긋한 설악산 단풍 같은 분위기의 사무실은 전문가로 보이기에 부적합하다.

나의 영업 환경도 잠재적 고객이 될 수 있는 타인에게 나를 어떤 사람인지 인식시키는 중요한 도구가 될 수 있다. 여러분의 사무실에 첫발을 내딛는 사람이 고객이 되느냐, 그냥 단순히 물어보고 나가는 사람이 되느냐는 사무실이라는 공간, 하드웨어도 큰 영향을 미친다는 의미다. 과거에 고객이 오면, 자연스럽게 회의실에 앉게 권하고 어떤 음료를 마실지를 물어봤다. 음료를 준비하는 몇 분 동안 자연스럽게 회의실 모니터로 회사 영상도 틀어놓고, 벽에는 회사를 알리는 포스터 등 이미지도 걸어놓았다. 하다못해 탁자에도 회사 소개서나 판촉물 등을 비치해서 내가 다시 음료를 들고 회의실로 들어올 때, 이미 상당한 회사 소개가 끝나 있도록 만들었다. 사람은 상대방의 입으로 말하는 자기 소개보다 자신이 눈으로 본 것을 더 믿기 때문이다.

고객이 있는 곳으로 찾아간다
_ 아웃바인딩의 생활화

확보한 DB(데이터베이스)는
어떻게 활용하나?

인바운드와 아웃바운드 DB의 활용 차별화

우선 인바운드와 아웃바운드의 개념을 설명할 필요가 있다. 앞 장에서 여러분이 생소할 수도 있는 몇 가지 단어를 접했을 것이다. 결국, 이 책이 처음부터 끝까지 강조하는 것은 '능동적 영업'이다. '아웃', 말 그대로 '밖'이다. 밖으로 나가는 뜻이다. 평생 부동산 관련 일을 해오고 있지만, 1층의 사무실에서 일해본 적은 없다. 불특정 다수가 약속 없이 나를 알아서 찾아온 적은 없다는 뜻이다.

흔히, 1층에서 공인중개사 사무실을 여는 사람들은 자리가 좋은 곳에서 시작하면 '간판 효과'로 고객이 알아서 찾아올 수 있다는 기대를 한다.

맞는 말이다.

그렇게 찾아오는 고객도 무시할 수는 없다.

일부러 2층 이상에서 영업할 필요는 없고, 업종에 따라서 아파트, 주택을 주로 취급하기 위해서 창업한다면, 1층 좋은 자리에서 공인중개사 사무실을 오픈하는 것도 필요하다. 중요한 것은 어떤 환경에서 창업하더라도, 내 필요 때문에 1층을 선택하는 것이지 '고객을 쉽게 찾을 수 있을 것이라는 기대'로 1층에 창업하지 말라는 것이다. 사실, 역 앞의 은행 자리같은 곳에 공인중개사 사무실을 할 수 있다면 하루에 접수되는 고객만으로도 일을 못 할 지경일 것이다. 그러나 현실은 그런 자리를 중개법인이나 공인중개사가 사용하기에 만만한 일은 아니다.

여러분은 공인중개사이기 전에 '영업인'이어야 한다.
오는 고객도 고객이지만, 내가 고객을 찾아 나서서
만들어낼 수 있어야 한다.

앞서 창업을 희망하는 영업 대상 지역에서 지도를 만들고, 지도에 건물별, 건물 내 층별 임차인을 별도의 도표(원장)로 만들어 관리해야 된다고 언급했다. 그런 데이터를 만들어나가는 과정이 사무실 안에서만 어떻게 이루어지겠는가? 건물이 박혀 있는 해당 물건지로 나가서 확인하는 과정은 무조건 필요하다.

사무실 안에는 고객이 없다(다시 한번 강조하고 싶다).
아웃바운딩은 내가 직접 고객을 찾아나서는 능동적 마케팅이다.

이런 마인드를 다시 한번 강조하는 이유는 그만큼 하기 힘들기 때문이

다. 그럼, 본격적으로 인바운드와 아웃바운드를 통한 데이터 수집과 수집
된 데이터의 활용법을 이야기해보자!

고객 상담 차트

20 년   월   일
상담 직원:_____
만료일(계약 시)_____

A급	B	임대차	매입매각
C	D	컨설팅	

*주의:A레벨 고객은 매일1회 이상 접촉█████

고객 정보

회사 정보	회사명:	주소:
연락처	이름/직급	Tel: 010 –
		Tel:
		E-Mail:
고객사 업무분야	기업정보 요약:	

고객 요청 사항

고객의 부동산 Needs 1차 상담 VOC수집	

고객 관리 내역

접촉일	상담 내용	비고/다음 미팅 시 필요내용
2차 미팅		
3차 미팅		
4차 미팅		
5차 미팅		
클로우징, 계약 결과		

특이사항

MY name|

고객 상담 차트, 상담 카드(인바운드, 아웃바운드 구분 작성)   (출처 : 저자 작성)

영업 현장으로 나설 때는 사무실에서든, 외부 파밍이든 늘 고객 상담 차트(카드)를 가지고 다니는 습관을 갖는 것이 좋다. 요즘은 가벼운 각종 노트북이나 PAD 단말기 등이 많기 때문에 IT기기를 활용해도 좋다. 목적은 고객이 될 수도 있는 잠재 고객과의 첫 대면부터 기록화하자는 의미다. 여름철 고객을 만나고 퇴근 무렵 사무실로 복귀할 때 온종일 들고 다닌 구겨진 고객 상담 카드 뭉치를 볼 때처럼 흐뭇한 것은 아마 없을 것이다. '격한 영업인의 하루' 같은 느낌이고 뭔가 내가 하는 일이 성공으로 가는 길로 한 걸음 더 다가가고 있다고 생각하면 내일도 견딜 수 있기 때문이다. 그렇게 365일만 견디면 원하는 것이 이루어져 있을 것이다.

양식은 이 책에 모든 양식이 마찬가지지만 본인 스타일에 맞게 변형해 사용하면 더 효과적이다. 평생 사용할 나만의 양식을 만들고 창업 후, 채용하는 동료 공인중개사들에게도 사용하게 한다면 '영업 관리, 조직 관리, 매출 관리'가 될 것이다. 더 중요한 건 여러분 회사만의 문화로 자리 잡을 것이다.

콜드 콜링(Cold Calling)과 부동산 중개의 상관 관계

1. DB 고객에게 전화 연락해 매물화

여러분은 이미 최소 며칠에서 몇 주의 파밍을 진행하고 있을 것이다. 창업 및 취업 희망 지역 내를 '나만의 지도'를 들고 '임장'을 한 것이다. 어제 방문했던 건물의 다음 건물, 다음 골목을 오늘 파밍하고 있을 것이며, 마주친 신축에서는 건물 공사 업체 현장 소장부터 건물주 연락처를 확보했을 것이다. 때로는 집요하게 건물주 집으로 회사나 개인 소개서를 우편으로 보내시기도 했을 것이다.

이런 일련의 과정에서 수집된 '오늘의 데이터'가 수첩에도 적혀 있고, 스마트폰에도 사진으로 남겼을 것이다. 명함을 주고받은 것도 있을 것이다. 이렇게 수집된 각종 데이터는 '전화번호'를 포함하고 있다. 이 전화번호들을 퇴근 전 정리하고 퇴근 전, 문자나 카톡을 남기거나 중요한 고객을 전환이 가능한 신축 건물이나 매매를 언급한 건물주 등에게는 정성스러운 메일이나 문자를 보내는 것이다. 바로 그다음 날 공실을 확인하거나 전속을 제안하는 전화를 콜드 콜 형태로 걸어도 좋다. 하지만 전화는 그냥 걸면 걸수록 효과가 떨어지기 때문에 사전에 이런 완충 활동과 나를 다시 한번 인지시키는 것이다.

콜드 콜은 말 그대로 '차가운 전화'다. 안면이 없는 또는 한 번 정도 만난 사람에게 '부동산 이슈'를 만들어내기 위해서 하는 첫 영업 활동이다! 너무 의욕이 앞서도 안되고 전화에서 어떤 스트레스나 푸시(압박)가 상대방에게 전해지면 안 된다. 그래서 콜드 콜의 목적 중 공실 정보를 확인하는 전화는 일반적인 물건 정보 확인 사항(매물장 기본표)을 보면서 빈 칸을 채워나간다는 형태로 친절히 전화를 하면 된다. 거절도 크게 없다.

그러나 신축 건물 건물주, 매매 가능성을 묻는 전화 등은 거절의 파도가 높은 편이다. 가장 효과적인 것은 전화로 긴 설명보다 전화의 목적을 '약속'을 잡는 용도로 하는 것이 좋다. 그럼에도 불구하고 상대방에 따라 상당한 질문과 거절이 돌아올 수 있기 때문에 아무렇게나 전화를 걸면 안 된다.

스크립트를 만들고 연습한 후 콜드 콜을 해야 한다.
어떤 질문이나 상황에도 대응할 수 있는 시나리오를 갖추라는 의미다.

콜드 콜은 가급적 적은 숫자라도 매일하고 + 기록하라!
A급 고객은 당장의 수익을! B급 고객은 로또가 되어줄 것이다.

고객 분류

A급 고객(규모 무관 당장 이사나 매매를 원하는 고객)

B급 고객(이전이나 매매 이슈가 당장은 없으나 규모가 큰 기업이나 고객)

C급 고객(이전, 매매 이슈가 없으나 호의적인 일반 고객)

D급 고객(이전, 매매 이슈 없고 불친절한 고객, 일상에 만나는 가망 고객)

기타 고객(평소 이용하는 식당, 미용실, 지역 은행 등 영업지역 내 사업자들)

가망 고객 찾기 (콜드 콜 기록지)　　　날짜:

고 객 명	주 소	전화 번호 / 메일	기타
1.			
특기사항:			
2.			
특기사항:			
3.			
특기사항:			
4.			
특기사항:			
5.			
특기사항:			

- 전체 통화 횟수 : _____ 합계 _____
- 전화 안 받음 : _____ 합계 _____
- 통화 거절　　: _____ 합계 _____
- 호의적 통화　: _____ 합계 _____
- 약속(미팅)　 : _____ 합계 _____

A급 고객(가망고객확보)

콜드 콜 기록지　　　　　　　　　　　　　　　　(출처 : 저자 작성)

2. 스크립트 작성 및 중요성

장기나 바둑을 두는 분들은 더 이해가 쉬울 것이다. 처음 장기를 시작할 때, 어떤 말을 어디로 옮기는가에 따라서 '상대방의 대응'이 달라진다. 그 대응은 우리가 상대방을 접하기 전에 어떤 상황이나 기분 상태인지 알지 못하기 때문에 그야말로 천차만별이다. 애당초 처음 말을 떼는 순간에 날라올 여러가지 답이나 대응을 동시에 고려 하면서 접촉을 시작해야 한다. 아무리 인성이 좋은 사람도 때마침 나쁜 상황에서 '영업을 당하게(?)' 되면 화를 내는 법이다.

거절의 파도가 높을 거라는 이야기다.

오랜 코칭 경험상, 스크립트를 연습시키고, 롤플레잉(Role Playing, 역할극)을 시키다보면 쑥스러움에 요리조리 몸을 비비 꼬면서 어떻게든 하기 싫어한다. 그럼에도 불구하고 쑥스러워 하면서도, 여러분은 해야만 한다. 마치 거절의 파도에서 물속에 빠지지 않고 마치 파도를 타며 서핑을 연습하는 초보 서퍼처럼 연습을 해야 한다. 영업 초기에는 이 점을 항상 명심하고 등한시하면 안된다.

당신이 어설프게 작성하고 어설프게 연습한! 그 스크립트의 힘을 무시하지 마라! 절대적으로 당신을 보호해주고 고객과의 약속을 만들어내줄 것이다.

3. 스크립트의 생활화

습관을 들이자!

어떤 영업을 하면서 접하게 되는 머릿속에서 기계적으로, 무의식에 가깝게 나의 첫마디에 상대방은 어떤 반응을 보일까 하는 변수를 2~3개 이상 생각하면서 첫마디를 떼고 돌아오는 상대방의 대답이나 질문이 끝나기 전에 어떤 방향으로 답을 할지 '뚝딱, 몇 초 사이에' 생각해낸다. 많은 연습이 필요하지만 창업, 취업 초창기의 초보 공인중개사들이라도 얼마든지 가능하다. 연습으로 몇 년간 일한, 연습 안 된 경쟁자 공인중개사들보다는 상당한 수준에 이를 것이다. 초보 시절부터 착실히 쌓은 노하우는 경력이 쌓인 후에는 스크립트 없이, 어떤 상황에서도 '연습 없이' 어느 정도는 대응할 수 있을 것이다.

대응력이 부족한 초보 공인중개사들에게 고객 대응에 대한 팁을 몇 가지 드린다면, 힘든 고객의 질문에는 '또 다른 질문으로 대응'할 수도 있고 도저히 대응을 못 할 질문이 날아올 때는 "모르겠습니다"라는 솔직한 자백보다는 "음~, 그 사안은 조금 신중한 사항이니 그 분야 전문가인 저희 자문 변호사나 세무사와 상의 후에 고객님께 가장 적합한 솔루션 만들어서 다음에 제대로 답을 드리겠습니다"정도가 좋겠다. 때로는 급박한 상황을 맞이하기도 하는데 경우에 따라서는 미팅 자체의 흐름을 깨버리는 돌발 상황을 연출하는 것도 최악을 피하는 방법이 될 수도 있다.

4. 나만의 스크립트 작성(나만의 언어로 연습) : 고객 응대 능력 단기 향상

파워 스크립트(Power Script) 작성과 활용을 해라.

당신이 연습한 스크립트는 힘이 있다.

바둑의 첫수를 두는 마음으로

2~3단계 앞을 내다본다.

절대 그냥, 막 전화를 걸거나 고객을 만나지 않는다.

모든 생활에서 10초 미리 생각하는 습관을 들인다.

'아'와 '어'는 다른 단어다. 의미를 잘 캐치한다.

빈 종이를 꺼내 들고 상상해보자! 여러분은 원하는 지역에 창업, 취업 했다. 이른 아침 출근해 만나게 되는 무수히 많은 상황을 상상해본다. 출근길에 보이는 공사장에서 발걸음을 멈추고 현장 소장이나 건물주로 보이는 사람에게 '명함을 건네면서' 내가 이 지역의 능력 있는, 열정 있는 공인중개사, 부동산 에이전트임을 알릴 것이다. 길을 걸으며 그런 생각이 안든다면 이 직업을 빨리 접는 것이 좋다. 절대 나비는 꽃을 지나치지 않기 때문이다.

과거에는 내가 먼저 '공인중개사임을 알리기 위한 활동'과 '나에게 말을 걸게 유도하는 행동'을 병행했다. 차에도 로고와 내 전화번호를 붙였고, 옷도 유니폼에 많은 배지를 달고 다녔다. 나를 '저 사람 뭐지!'라고 쳐다보는 눈빛을 느끼면, "안녕하세요! 공인중개사 사무실입니다" 하고 명함을 주면서 "부동산 사고파실 일이 있으면 연락주세요!"라고 말했다. 그렇게 일을 배웠다. 사실, 그렇게까지는 안 해도 된다고 이야기하고 싶다. 하지만 마음은 그래야 한다는 것이다. 하물며, 출근해서 내 사무실까지 도착하는 순간까지 무수히 지나치는 '건물들', '건물 사용자, 임차인', '공사장(신축 건물)'은 절대 지나치면 안 된다. 이런 상황에서 머뭇거리지 않고 바로 '말을 걸어야 한다.'

상황별로 그 상황에 맞는 스크립트가 평소에 준비되고 연습되어 있어야 하는 이유다.

아래 몇 가지 샘플 시나리오를 숙지하고 소리 내어 읽어보고 '본인의 언어'로 변경해 연습하자. 동료와 함께 역할을 나눠 롤플레잉을 해야 한다. 평소 나는 혼자 차 안에서 혼자 1인 2역으로 롤플레잉 연습을 자주 한다. 후유증으로 혼자 말을 하거나 내비게이션, 라디오와 대화를 하는 '이상한 버릇'이 생겨버렸다.

상황 1

전속 물건 확보 위해 파밍 지역에서 건물주와 약속 잡기

목적 : 상담 약속을 잡는 것이 목적

주의 : 전화상으로 많은 말을 하지 않는다. 상품 설명을 지나치게 하지 않는다.

1단계 : 안녕하세요? 저는 (소속) _____ 입니다. 잠시 통화가 가능하실까요?

네) 저는 대표님의 ○○빌딩 인근에서 임대 마케팅을 하고 있습니다. 지금 신축 중인 건물의 임대와 관련해서 여쭤보려고 합니다.

아니오) 단순히 바빠서, 통화가 안되는 경우는 다음에 다시 걸겠다고 이야기한다. 고객의 기분이 나쁜 경우, 인사를 하고 끊는다. (1주일 정도 후, 다시 걸어본다.)

2단계 : 공실 내용을 물어본다(매물장을 펴고 통화하면서 칸을 채우며 적으면 더욱 효과적).

• 초보 공인중개사들 중 의욕이 앞서서 한참을 이야기했는데도, 알아야 할 내용을 모두 못 물어보고 통화가 끝나는 경우가 많다.

- 전속 에이전시가 있는지, 물어본다.

- 전속 개념이 없는지, 직접 임대를 하는지, 중개사무실에 대한 실망 경험이 있는지 등 파악한다.

- 역으로 고객은 나에게 질문이 없는지, 물어보고 각각 답을 주되, 자세한 내용은 3단계로 직접 미팅에서 준다고 말하고 약속을 잡는다.

3단계 : 공실 정보 확인이 모두 끝난 경우, 현장 사전 실사를 위한 약속을 잡는다.

네) 약속이 잡히면, 주변 임대가 조사 등을 가지고 찾아갈 것을 언급해 기대감을 준다.

- 내 스케줄에 맞춰 약속을 잡는다(자료 조사 및 제안을 할 수 있는 시간

아니오) 약속이 바로 안 잡히는 경우는, 기초적인 자료나 회사 소개서
를 보내준다.

메일주소 확인(정기적 부동산 자료 발송)

- 자료가 발송되는 날, 다음날 약속을 다시 잡는 통화를 해본다.

4단계 : 감사의 인사 및 부동산에 대한 다른 궁금한 점을 묻고 끊는다.

기타) 법적이나 기타 리스크 부분이 있으면 설명한다.

상황 2

전속 빌딩을 수주 후, 건물이 속한 지역에서 TR (임차인 찾기) 타깃 마케팅

목적 : 전속 빌딩에 입주 가능한 가망 고객 찾기

1단계 : 안녕하세요? 저는 (소속) ＿＿＿＿＿ 입니다. 잠시 통화가 가능하
실까요?

네) 인근에 신축 중인 ○○빌딩의 임대 담당자입니다. 저희 건물 자료를
보내드리려고 합니다. 혹시, 사무실 이전이나 확장 계획이 있으십니
까?

아니오) 통화가 힘든 경우와 사무실 이전 계획이 전혀 없는 경우를 나
눠서 전화를 마친다.

2단계 : 우리의 전속 빌딩에 관심이 있다면, 궁금한 고객의 질문에 답변
을 한다.

네) 건물의 상세한 내용이 정리된 자료를 숙지하고 지참하고 통화하는 것이 좋다.

기본적인 내용 설명이 끝나고 자세한 상담으로 진행되는 경우는 약속을 잡는다(실제 만난 경우, 고객 상담 차트 작성을 하면서 이전 이슈와 조건 등을 확인한다).

현재 건물의 임대차 계약 기간 만료일이나 이전 이유에 대한 파악(미리 항목 정리)

아니오) 자료 발송을 위한 메일 주소 정도만 확인한다. 메일을 알려주는 경우, 이름까지만 묻는다.

3단계 : 약속이 잡히면, 통화한 담당자의 인적 사항을 묻는다.

네) 약속은 항상 내 스케줄에 맞추지만, 이사가 급한 경우는 즉각적으로 잡는다.

아니오) 약속이 바로 안 잡히는 경우는, 건물 자료를 보내준다.

　　 - 필요한 경우(면적이 크거나 회사가 좋은 경우), 건물로 직접 찾아가 전달하면서, 즉각적인 상담이나 다음 약속을 현장에서 잡는다. (거절을 각오한다.)

4단계 : 마무리 인사

상황 3

전속 건물에 설치한 임대 사인(현수막, 기타 광고)를 보고 전화한 고객에 대한 응대

목적 : 이슈가 있는 고객에 대한 효과적인 대응

주의 : 반가움에 너무 많은 정보를 오픈하지 말 것! 인적 사항 파악이 핵심!

1단계 : 안녕하세요? ○○빌딩 임대팀입니다.

고객) 자신이 궁금한 내용에 대해서 질문을 한다.

각 질문에 대응하기 위한 평상시 연습을 소홀히 하지 않는다.

(건물에 현장을 만들어 상주하고 있다면 건물로 방문하는 고객에 대한 스크립트도 준비)

체크 포인트를 하나씩 질문을 하되, 우리가 필요로 하는 사항도 함께 파악한다.

(자동적 대응이 될 때까지는 전화를 받을 때, 해야할 질문을 정리해둔다. 상담 차트 활용)

인적 사항, 문의 이유, 현장으로 답사를 올 생각이 있는지 확인한다.

상담 차트(방명록)는 건물주에게 정기 보고서를 작성할 때, 근거 자료가 되어야 한다.

2단계 : 현장 답사를 유도한다.

고객이 편한 시간을 묻고, 현장 답사를 유도하고 준비한다(주말이나 야간인 경우도).

현장 답사 일정이 잡히면, 건물주에게도 내용을 공유해 임대 진행에 대한 안심을 준다.

미리 잡힌 현장 답사는 돌발적인 답사와 구분해 치밀한 준비를 한다.

3단계 : 현장 사무실이 운영되고 있는 일반적 시간대를 알려준다.

고객이 답사 시간을 정하지 못하는 경우, 편하게 올 수 있는 시간 범위를 준다.

: 그럼에도 불구하고, 현장 주변 파밍이 있을 수 있으니, 사전 약속을 유도한다. 사전 약속으로 방문하는 경우, 클로징을 위해 더 치밀한 준비로 답사의 효과를 극대화할 수 있기 때문이다.

4단계 : 감사의 인사와 충분히 궁금함이 풀렸는지 물어보고, 현장 답사를 재차 권유한다.

5. 고객화 작업 : A, B, C, D급으로 고객 분류(A급 고객 증가 목표 수립)

앞서 콜드 콜 부분에서 고객 분류의 의미를 이야기했다. 우리의 모든 영업 활동의 목적은 결국은 '계약'이다. 규모와 무관하게 빠르게 부동산 임대차, 매매 이슈를 가지고 있는 고객이 A급 고객이고, A급 고객은 그들의 이슈인 거래가 마무리될 때까지 숨차게 계약까지 달려야 한다.

진행 고객의 평균적인 기대 수수료(나만의 단가)을 감안해, 개인차가 있겠지만 진행하는 A급 고객이 '10건' 이상이라면 매달 계약할 고객이 발생하고 생활비를 포함한 월소득을 얻을 수 있을 것이다. 재미있는 것은 앞서 분류한 B급의 경우는 당장 부동산 이슈는 없지만, 규모가 큰 고객인 만큼 정기, 비정기적으로 자료를 보내고 안부를 묻는 고객 관리를 꾸준히 진행해야 한다.

A급 고객은 월소득(생활비)을 벌어주지만, B급 고객은 여러분의 자동차를 업그레이드시켜주고, 더 좋은 집으로 이사를 시켜줄 고객임을 명심하자!

A급 고객은 매일 아침 안부를 묻고, 어제까지의 진행 진도를 오늘은 계약까지 더 전진시키기 위해서 노력해야 한다. 과거에 내가 초보 영업사원 시절에 내가 속한 팀의 아침 회의 풍경은 '오로지 2가지의 파악 및 공유였다.'

A급 고객 진행 숫자와 어제 접촉한 신규 고객 건수!

6. 거절 극복 연습(롤플레잉) : 상황별, 물건별, 전화 걸기 등 반복 연습(동료, 가족과 롤플레잉 반복) = 1인 연극과도 같은 혼자 연습하는 방법

오래된 노래가 한 곡이 있다. 제목은 '연극이 끝난 후', 1988년 MBC 대학가요제 대상인 '샤프'라는 그룹의 노래다.

배우는 무대 옷을 입고 노래하며 춤추고
불빛은 배우를 따라서 바삐 돌아가지만
끝나면 모두들 떠나버리고 무대 위엔
정적만이 남아있죠 고독만이 흐르고 있죠

우리가 영업인으로서 갖춰야 할 능력은 부동산 능력만이 아니다.

부동산 능력자는 밥은 먹고 살 수 있지만, 진정한 영업인이라면 그 외에도 다양한 능력이 있어야 되는데, 그중 하나가 '회복 탄력성'이다.

끝없는 거절을 직면하게 된다. 하지만 끝나는 시점이 온다. 거절의 파도가 끝나는 것이 아니고, 여러분이 파도를 탈 수 있게 된다. 파도를 타는 기술을 습득하는 한 가지 방법은 '연극'이다. 정확히 표현하자면, 앞서 이야기한 고객과 직면하는 상황별, 순간별 스크립트를 상대방의 입장에서, 고객의 입장에서 '연습'하는 것이다. 가장 효과적인 방법은 '연극하듯이' 실제로 역할극(롤플레잉)을 하는 것이다.

능수능란하게 고객과의 만남을 이끌어나가는 큰 힘을 길러준다.

그 어떤 나쁜 상황을 겪어도 '바로 재충전'되는 능력이 생기는 것이다. 거절을 극복하는 수단을 넘어 고객과의 만남 자체를 즐길 수 있을 만큼 충분한 연습이 필요하다.

7. 롤플레잉 워크숍 등 구체적이고 정기적인 연습의 중요성

일본의 대형 부동산 프랜차이즈 기업의 자체 컨벤션(1년 실적 시상 및 교육)에 견학을 간 적이 있었다. 일본 사람들이 어떤 행사나 일을 할 때, 지나칠 정도로 매뉴얼을 중시하고 행사 준비를 가상으로 계속 반복하는 모습을 봤다. 행사 준비 자체를 롤플레잉하고 있었다. 진행자의 진행에 따라 행사를 순서대로 진행하는 스태프들 한 명, 한 명이 '공연 준비 전의 배우들'처럼 '연기'하고 있었다. 때마침 그날 전체 부동산 중개사들 수백 명에게 실시한 단체 교육이 '고객을 만났을 때, 거절당할 때, 반대를 극복하는 방법' 이런 주제로 롤플레잉을 하는 것이었다. 실제 연극처럼 무대를 만들고 직원들이 아닌 전문 배우를 섭외해 상황별 롤플레잉을 시현하고 있었다. 너무 강렬한 인상이었다. 이후에 당시 내가 근무하던 회사의 미국 본사에서 콜드 콜과 롤플레잉 교육을 2주간 받기 위해 뉴저지 본사로 갔었는데, 무릎을 쳤다. 일본이 배우를 통해 많은 사람 앞에서 시현을 보였던 것과 다르게 미국 본사는 참가한 우리를 일으켜 세워 롤플레잉을 실전이라고 가상하고 시켰던 것이다.

효과는! 당연히 직접 롤플레잉을 해야 더 큰 효과가 난다.
여러분들은 앞서 강조한 스크립트의 파워를 믿고, 작성된 나만의 스크립트를 숙달되도록 연습하고 그 연습 후에는 옆 동료나 타인과 충분한 롤플레잉을 해야 한다. 이런 과정 없이도 영업을 실제로 하면서 고객에게 깨지고, 계약도 깨지고, 미팅도 망치고, 때로는 눈물도 흘리게 된다. 세월이 지나 이 모든 것을 알게 되지만, 그 과정에서 상당히 많은 공인중개사는 폐업을 한다.

이 책의 목적을 다시 한번 이야기하겠다.
중개업은 오래 했다고 잘하는 직업이 아니다.
상당한 부분을 연습과 노력을 통해 1년 차도 10년 차를 이길 수 있다.
전제 조건은 어지간히 노력하지 않으면 안 된다. 하지만 여러분들은 이루어낼 것이다. 어차피 1년 정도는 아예 놀 생각이 없지 않은가?

지역 내 매물 정리를 통한
매물장 작성 시작

1. 현장 공실 및 임대료 심화 단계 진행 시작 : 시세 조사 리서치로 접근

초보 공인중개사가 창업한 지역이나 예정인 지역에서 이 책에서 강조하는 오픈 전 데이터 확보, 고객 확보를 하기 위한 활동을 하다 보면, 또 다른 고충을 접하게 된다. 중개업법상 지역에서 활발하게 중개업을 하는 공인중개사는 그냥 공인중개사는 안되고 '개업 공인중개사'여야 한다.

처음에는 난이도가 약간 높은 수준으로 리서치를 하는 방법을 택하는 것도 좋은 방법이다. 더 편하고 안전한 방법은 창업 대상 지역 내에서 어차피 활동을 하루 종일 해야 하므로, 지역 내 공유 오피스의 기본형을 계약하고 사업자등록을 한 상태로 개업 공인중개사로서 지역에서 제대로 파밍을 하는 것이다. 어차피 지역 내 건물의 데이터 수집 과정에서 여러분이 오픈을 하면 좋겠다고 마음을 흔드는 '공간'이 나타나기 마련이다. 공유 오피스는 대부분 역세권 대형 건물의 일부 층을 쓰고 있기 때문에 창업 초기나 준비 없이 오픈한 중개사라면 더더욱 '공간 스트레스'를 받게 되는데 그런 공간 스트레스를 큰 건물 속의 공유 오피스는 상당히 감쇄시켜준다. 더욱 좋은 것은 공간을 사용하는 시간대가 자유롭게 젊은 층들이 많은 공간이다 보니 공간 자체가 주는 리프레시 효과도 크다.

더 큰 효과는 인바운드 없이 아웃바운드로 파밍을 하기 때문에 영업력을 증가시킬 수 있고 향후 1층에 공인중개사 사무실을 안 내더라도 영업을 할 수 있게 된다. 그럼에도 불구하고 1층에 사무실을 개설한다면 인바운드와 아웃바운드를 다 채널로 쓰는 영업 시너지를 얻게 된다.

다음 공란을 매물장을 들고 사무실 밖을 나가 지역 내 매물(공실)을 조사하고 만나는 모든 사람을 익힌 사람 대하기 법에 따라 만나고 기록하고 분류하고 A급은 고객으로 계약까지 끌고 나간다.

이것이 바로 '중개업의 성공 핵심'이다.

초보 공인중개사는 이런 매물장의 항목을 채운다고 생각하고 고객에게 질문을 던지며 상담하면 효과적이다(지역의 주된 물건 특징에 따라 매물장 항목을 추가, 변경한다). 당연히 공실을 조사하는 매물장인만큼, 공실 면적, 임대가, 관리비, 승강기나 주차와 같은 임차인에게 필요한 전용 공간 외 공간 등을 상세히 조사한다. 특히 임대차 조건에서 중요한 임대료와 관련한 입주 시 혜택(렌트 프리, 공사 기간 중의 임대료 할인이나 면제 기간, 실질적인 공사비 지원 내역 등)

접수일		보증금(%)	
빌딩명		전세가−보증금	
구		월이율(부)	
동		월세	
번지		관리비(평)	
담당자/Tel		관리비(월)	
층/총층		주차	
임대평		냉/난방	
실평		입주시기	
전용률		비고	
평당가		선전번호 사무실(S), 오피스텔(O)	
총전세가		담당자	

공실 조사표(매물장으로 발전된다)   (출처 : 저자 작성)

을 자세히 확인한다.

실질적으로 임대차 계약이 진행되기 시작하면, 건물마다 차이는 있겠지만 인테리어 공사 관련 규정 등이 별도로 있을 수 있다.

실전 팁을 한 가지 말해준다면, 평상시 파밍할 때 공실, 매물을 만나면 바로 접수하기 위해 매물장, 고객 상담 차트(카드)를 항상 들고 다니기를 권한다. 필요한 서류가 모두 들어가 있는 맥북이나 아이패드를 들고 다니는 것도 좋다. 바로 회사 소개서를 보여줄 수도 있고, 임차인을 만난다면 공실 정보를 줄 수도 있어서 편리하다. 이런 준비성은 다시 와서 만날 이유를 없애준다. 더 일할 수 있게 해준다.

2. 영업지역 내 임차인 대상 마케팅 진행 : 미래 발생할 공실 사전 확보

앞서 언급한 공실, 매물 조사는 왜 하는가?
우리는 공실 정보 데이터 수집 전문가가 아니다.
우리의 모든 활동의 목적은 '계약'을 하는 것이다.

과거 내가 초보 공인중개사 시절에 내 사수가 늘 하던 말이 있다. "창희야! 우리는 계약을 치는 사람이다. 항상 많은 사람을 접촉하고 그중에 버릴 사람을 바로 확인해서 버려라! 계약 잘하는 사람은 버리기도 잘해야 한다." 이렇게 말하면서, 내가 만든 A급 고객 상담 차트를 한 장씩 들고 물어보면서 나에게 A급으로 선정해서 관리하는 이유를 물어보고, 아니다 싶으면 내가 보는 앞에서 찢어버리고는 했다. 내가 뭐라고 소리를 쳤지만…. 쫙 찢어버렸다. 지금 생각하면 매우 적절한 처사였다.

데이터 수집(공실 자료, 매물 조사 등)의 목적은 결국은 부동산 계약의 중요한 반쪽이기 때문이다. 나머지 반쪽은 무엇인가? 데이터 조사의 결과가 매도(Seller) 측의 반쪽이라면 매수(Buyer) 측 반쪽이 필요하다.

그래서 필요한 것이 임차(Stacking)다. 파밍지의 활동에서 공실 정보를 파악하다 보면 해당 건물에는 이미 공실인 비어 있는 공간 말고 나머지 층을 사용 중인 다른 임차인이 있다. 결국은 그 임차인도 잠재적으로는 이사할 수 있는 가망고객이다. 파밍 과정에서 좋은 건물 내 임차인을 미리 만나고 나를 알리고 이사나 사옥 마련, 투자 이슈가 생길 때, 여러분에게 연락하도록 마케팅해둬야 한다.

어떻게 보면, 동전의 양면처럼 공실 조사가 결국은 입주자 조사(Stacking Plan)다. 그래서 파밍을 나갈 때 정신을 바짝 차려야 한다.

공실 조사로 건물주를 만나서 공실 내역을 조사하다 팔아달라는 접수도 받게 되고, 그렇게 매매를 하게 되면 다른 건물을 매수할 것이라는 계획도 알게 된다. 그렇게 건물주와의 미팅을 마치고 헤어진 후, 해당 건물의 여러 층을 사용하는 임차인을 방문해 확장이나 이전 계획, 사옥 마련을 물어봐야 한다. 그 임차인이 그 건물을 살 수도 있고 여러분의 매물장 안에 있는 며칠 전에 만난 신축 건물로 이사할 임차인이 될 수도 있기 때문이다. 지금 이야기한 일련의 일들이 연달아 일어나면 '부동산 업'을 하는 사람으로 느끼는 즐거움을 상상 초월이다.

내가 조폐공사도 아닌데, '돈을 찍어내는 느낌'이다. 나의 생각대로 나를 움직여서 상품을 만들고 고객을 찾아서 매칭해 발생시키는 수익의 기쁨은 굉장한 경험을 선물할 것이다. 영업력을 스스로 갖게 되는 것이다. 말 그대로 '력'은 '힘'이다. '나만의 지도'를 들고 지역의 영업 대상 건물을 방문하면서 쌓이는 데이터는 수집 과정이 체계적이고 계획적이면 더욱 시간을 단축할 수 있다. 영업지역 내 주요 영업 대상인 건물을 층별로 어떤 임차인이 어떤 조건으로 사용하고 있는지를 평상시에 만나서 조사하고 데이터를 누적시켜 나가다 보면, 실제 이사할 회사를 찾게도 되고 이런 이사할 회사, 고객을 얼마나 확보하고 있는가에 따라서 강력한 파워를 갖게 된다. 신축 건물을 수주하기 위해 건물주를 만났을 때, 누구를 대상으로 언제까지 건물을 채울 수 있는지 상당한 근거를 가지고 제안할 수 있기 때문이다. 여러분의 영업지역에서 신축 중인 건물의 소유자는 어떻게 보면 갑과 을을 관계처럼 생각되지만, 실제로는 그 건물을 채워줄 수 있는 능력자가 실제로 진짜 갑이 될 수 있다. 이왕 어느 지역에서 부동산 사업을 시작한다면, 그 지역의 압도적 파워를 갖춘 '파워 공인중개사'가 되기를 바라는 마음으로 이 책으로 썼다.

3. 전속 고객으로 관리할 별도 명단 준비

앞서 언급한 지역 내의 파밍을 통해서 만난 다양한 가망 고객들 중에서 당장은 아니지만 큰 수익을 발생시켜줄 수 있는 B급 고객(당장은 부동산 이슈가 없지만 이사나 매매 이슈가 발생하면 큰 수익을 안겨줄 고객이나, 현재 신축이나 리모델링 중인 건물의 소유자 등 지금 당장 수익으로 이어지지는 않더라도 큰 수익 발생이 가능한 수주원)들이 있다. 이들에게는 정기적으로 회사 소개, 부동산 정보, 좋은 매물의 소개장(임대 안내문, 매매 자료 등)를 보내드리며 관리한다.

특별하게 관리하는 고객으로 정한다.
오래 관리된 고객이 부동산 이슈가 발생하면 강력한 전속 에이전트로 여러분을 선택할 것이다.

강력한 주입식 전문가가 되라
_ 창업(영업) 대상 지역 외우기

지역 내 주요 지리, 랜드마크, 중요 임차인 등 3D 암기법

1. 맵핑(Mapping), 구구단 외우기

초등학교 입학 전에 구구단을 외우던 날이 기억난다. 아침 밥을 먹고나면 아버지가 구구단을 외우게 시키셨는데, 이렇게 시작한 구구단 외우기는 저녁 밥을 먹으라는 어머니의 부름 전에 끝났다. 어설프게 9단까지 다 외웠다. 아주 가혹한 날로 기억된다. 머리통이 동네북이 될 정도로 3단을 외우고 아버지가 3·5는? 3·8은? 이런 질문 속에 틈틈이 2·7은? 대답을 못하면 회초리로 맞았던 기억이 난다. 그 테스트는 저녁을 먹으면서, 그다음 날, 그다음 날 계속 이어졌다.

사실 나는 구구단을 왜 외워야 하는지도 몰랐다.
정말 강제적이고 강력한 주입식이었다.

친절하게 사과가 2개 있는데 2개를 묶어 사과 2개가 2묶음이면 전체 사과는 몇 개냐? 이런 이해를 시킨 날이 아니었다. 무작정 7·8은 56이라고 대답을 못 하면 혼나는 날이었다.

결론은 그런 강력한 선행은 나의 고 3 시절까지 이어졌고 돌이켜보면 학기가 시작되면 늘 학교생활이 쉬웠던 기억이 난다. 심지어 대부분 선행을 하고 학기가 시작된 덕분에 부모님의 기대는 더욱더 공부할 시간을 확보해주려는 의도였겠지만, 나는 학교 수업이 너무 쉬워서 다양한 취미 생활, 미술관 다니기, 음반점에서 매일 CD 하나씩 사서 듣고, 자동차 잡지 사서 달달 외우고…. 삶의 다양함을 가지고 살 수 있었다. ○○공대에 입학하기를 원하는 아버지의 바람과는 다르게 지금의 삶을 살고 있다. 좋고 나쁘고는 아니다. 유치원 시절 강제로 외운 구구단은 내가 고등학생이 되어 함수, 미적분 등을 공부하는데 쉽게 학교 다니게 해주는 큰 무기가 되었다. 초등(국민)학교 2학년 첫날 구구단 수업이 나올 때, 내가 이미 다 외우고 있는 구구단의 쓰임을 알았다.

나의 코칭에서 맵핑(Mapping)과 스태킹(Stacking) 등이 주를 이루는 파밍 코칭 과정도 결국은 주입식이다. 자연스럽게 데이터를 쌓으면서도 얼마든지 가능하지만, 내가 여러분에게 이 책에서 강조하고 싶은 것은 주입식이다. 강제로 외우라는 것이다.

이유는 여러분의 창업과 취업 과정에서 투입되는 비용을 아끼고 더 빠른 첫 계약, 더 빠른 고수익 실현을 위해서 '시간을 아끼자!'라는 것이다.

중요 포인트는 '나만의 지도'를 지번이 생각날 정도로 달달 외우자는 것이다. 여러분의 사무실 벽에 지도를 걸어둘 생각이라면 그 지도를 머릿속에도 넣어두자!

그냥 지도가 아니고, 건물별 스토리와 사용자, 소유자의 데이터까지 모두!

2. 스태킹(Stacking, 수직 MD) 효과 극대화 : 영업 대상 건물 내 층별 임차인 조사 및 접촉

스태킹을 나는 수직 MD라고 표현한다. 건물 기준으로 실제 수직이라면 층층이 쌓인 건물을 임차인들이 각 층마다 사용하고 있기 때문이다.

여러분은 지금 영업 대상 지역을 몇주째 파밍 하고 있을 것이다. 1층 상가(Retail Shop)를 사용하는 임차인은 간판이 붙어 있는 경우가 많으니 임차인을 바로 확인할 수 있다. 그렇다면 2층 이상을 사용하는 임차인의 데이터는 어떻게 확인하고 어떻게 데이터화할 것인가를 이야기해보자!

왜? 어떻게?

스태킹 플랜 일지를 만들어야 하나?

스태킹 플랜은 맵핑과 파밍의 완성도가 높아야만 만들어질 수 있다.

앞서 계속 반복되는 파밍의 중요성은 결국은 여러분이 창업이나 취업을 해서 특정 지역에서 부동산 중개를 기반으로 다양한 부동산 사업으로 발전시켜 나가기 위한 모든 시작이 동네 산책과도 같은 '파밍'의 누적 결과이기 때문이다. 스태킹 플랜을 쉽게 표현하자면, 어떤 회사(임차인)가 어떤 층, 사용 면적을 어떤 조건으로 언제까지 사용하고 있는지를 조사하는 과정이다. 이 데이터가 누적되고, 내 영업지역 내 대부분 건물의 스태킹 플랜을 갖게 되면 어마어마한 파괴력을 갖는 강력한 고객 원장을 갖게 되는 것이다.

상상을 해보라!

매일 사무실에 출근해 일정표를 열면, ○○빌딩, 7층, ○○주식회사가, 200평을 보증금 얼마에 임대료 얼마로 사용 중인데 '임대차 계약 기간 만료 6개월 전'이라는 이런 내용들이 주르륵 보일 것이다.

여러분의 아침 풍경이 달라진다.

광고를 통해 여러분에게 연락할 불특정인의 연락, 인근 공인중개사 사무실의 공동중개 문의 전화, 1층 사무실로 들어오는 사람들의 다양한 문의와 잡상인들 대응…. 이런 풍경이 사라지고, 여러분이 주도적으로 여러분의 스태킹 플랜을 바탕으로 만들어진 데이터베이스를 보면서 연락하게 된다. "안녕하세요? ○○○ 부동산 중개법인 노창희입니다. 지금 사용 중이신 ○○○빌딩 임대차 계약 기간이 만료 6개월 전인데요. 리마인드 차원에서 연락드렸습니다. 혹시, 연장 계약 의사가 있으신가요? 더 좋은 조건의 빌딩들이 저희 회사에 있는데 자료를 한 번 보내드려도 될까요?"라고 말이다.

앞서 언급한 스태킹 플랜 조사 결과 만들어지는 데이터의 이름을 렌트롤(Rent Roll)이라고 부른다. 렌트롤은 쉽게 설명하자면, 건물주가 본인 건물의 임대차 내역을 한 번에 정리해놓은 자료다. 층별 임차인과 그들이 계약 조건, 특약 조건이 빠짐 없이 기록되어 있다. 대형 건물을 관리하는 자산 관리 회사의 건물 담당자들은 당연히 이 자료를 모두 만들고 관리하고 있다. 여러분에게 렌트롤 수준의 스태킹 플랜을 처음부터 만들어야 된다고 이야기하는 것은 아니다. 쉬운 일이 아니기 때문이다. 그러나 여러분들의 파밍이 시간을 거듭할수록 내가 앞서 언급한 입주자 조사표(스태킹 플랜)의 조각이 맞춰지면서 완성도는 높아지게 된다.

같은 결과물을 만들어낼 수 있다는 것이다.

그러나 자산관리회사 직원의 렌트롤 사용보다는 더 광범위한 용도를 여러분은 갖게 된다. 자산관리회사는 자신이 관리하는 빌딩 내 임차인의 관리를 위해 만들어 활용하지만 여러분에게 내가 만들라는 이유는 '이전 가능한 업체의 발굴'에 목적이 있다.

나만의 지도를 들고 동일 지역의 파밍을 하면서 공실 자료 조사, 신축 건물 조사가 이어지게 되는데, 큰 건물 앞에 서서 위를 올려다보라! 어떤 층에 어떤 임차인이 사용하고 있는지 끝없이 고민해보라! 그리고 만나볼 생각을 해보라! 막연한 두려움을 깨라! 막상 만난 후에는 알게 된다. 당신을 잡아먹지 않는다!

포스코 사거리 빌딩 사진과 지도   (출처 : 저자 제공)

3. 정기적으로 영업지역 내 고객 관리 : 효과적인 스태킹 플랜 만들기!

재료 준비

나만의 지도를 머릿속에 모두 입력

: 건물별 코드를 부여해두면 장기적으로 관리하기 편하다.

예) 테헤란로 지도 2번째 장은 T2, 이런 식이다.

스태킹 플랜 페이퍼(Stacking Plan Paper)

: 앞서 언급한 입주사 조사표 수준에서 시작해 차츰 '나만의 지도'와 연

동될 정도의 수준으로 데이터 양을 늘려나간다. 이 책에서 언급하는 모든 과정은 단시일에 몰입해 빨리 완성해야 하지만 개인마다 성격과 몰입도, 여건이 다르기 때문에 '부동산 업 자체에 질릴 정도'로 스스로 몰아 붙이진 말자! 어차피 평생 할 일이다.

1층에 어떤 임차인이 있는지 단순 파악으로 시작한다.

○○건물이라고 누가 이야기만 해도, 1층 임차인, 건물 디자인, 건물 층수, 건물 규모　같은 개요가 '여러분이 사는 집'이라고 생각될 수준으로 '딱! 떠오르게 만들기'

건물 사진을 찍는다.

향후 제안서, 임대 안내문, 고객에 전달할 각종 자료에 이 사진들은 매우 유용하게 사용될 것이다. 나중에 일부러 찍으러 다니지 말고 한 번 조사할 때 미리 다 찍어둔다. 찍은 사진들은 '별도의 ○○빌딩 폴더'를 만들어 보관한다. 그 폴더에는 건물의 각종 공부, 사진, 미팅한 건물주 연락처(명함 파일), 임차인 데이터(입주사 조사표 : Stacking Plan) 등 해당 건물에 관련된 모든 것들을 보관한다. 특히 건물 로비에 대부분 붙어 있는 '층별 임차인 리스트(인포메이션) 사진은 정기적(최소 6개월 정도에 한 번)으로 찍어서 날짜별로 같이 보관한다. 6개월 전 촬영한 ○○빌딩 층별 임차인 인포메이션이 6개월 후와 변동되는 것이 있다면 스스로를 탓하기 바란다. 여러분의 영업지역에서 여러분 모르게 ○○회사가 어디론가 이사를 가버렸고 그 자리에 ○○회사가 이사를 왔는데도 여러분은 그 사진을 찍으면서 알게 된 것이기 때문이다. 이왕 사진을 찍어야 되는데, 그냥 대충 찍고 오지는 말자! 외관, 로비, 주차장, 승강기, 기준층 로비, 화장실, 건물의 장점 등 이왕이면 다시는 안 가도 될 정도로 자세히 찍어두자(성의 있게 찍자! 목이 잘린 인물 사진처럼 찍지 말라는 뜻이다).

나를 가르쳐준 코치(선생님)는 이런 경우에 나에게 이렇게 이야기했다.

"창희야! 너의 오른쪽을 하늘 높이 들어라! 그리고 사정없이 너의 뺨을 스스로 사정없이 세게 때려라!"라고.

4. 지역 내 전수 조사(나만의 지도 속 건물, 고객 대상)

'전수 조사'란 단어는 정말 무서운 말이지만, 부동산 중개를 시작하는 여러분들 입장에서 생각해보면 여러분의 창업, 취업 희망지에서 '전수 조사'를 하겠다는 마음으로 고객을 만나다 보면, 엄청난 일이 생길 것이다.

동네에서 모르는 건물이 없고 모든 건물 내 어떤 임차인이 몇 층을 어떤 조건으로 사용하고 있는지 다 알게 되는 것이다. 시골 동네 이장님이 감나무집 연우네 숟가락이 몇 개인지 동네 사정을 다 아는 상황이다.

나를 빼고 그 동네에서 부동산 계약은 일어날 수가 없다!

생각만 해도 무서운 말이다! 더 이상 지도가 필요 없는 상황이 되는 것이다!

경험상 이런 상황이 되면, 매물장도 의미가 약해지는 단계가 된다. 예를 들어, 고객이 역삼역에서 200평짜리 사무실을 찾는다고 의뢰한다면, 매물장에서 200평 공실을 찾는 것이 아니고, 듣는 순간 머릿속에서 200평이 가능한 건물들이 머릿속에 떠오르게 된다. 그리고 고객에게 용도, 입주 시기, 예산 등을 질문해나가는 과정에서 건물들이 몇 개 필터링이 되면서 지워지고 남은 건물에 전화를 걸어서 자연스럽게 물어보게 된다.

"소장님(건물주님). 건물에 한 개 층 2개월 내 나올 거 있나요?"

완전히 있다면 달라는 말이다. 전수 조사 수준으로 영업지역을 파밍하게 되면 어느 순간 알게 된다. 스스로가 공동중개하는 숫자가 줄어들고 직원들의 숫자가 늘어나면서 여러분 회사의 소속 공인중개사들 간의 공동중개가 엄청나게 활성화된다. 경쟁자가 없어진다는 뜻이다.

파밍으로 시작해 헌팅을 하게 된다는 말이다.
이 순간 여러분의 수익이 몰라보게 달라질 것이다. 수직 상승!
파밍을 통해 일상적 부동산 농사를 짓고 있는데, 농부가 사냥까지 할 여유가 생기는 것이다.

벼가 익어가는 모습을 바라보면서 노동요를 부르고 있는 농부의 눈에 멧돼지가 나타난 것이다. 심지어 잡을 무기가 있다고 생각해보라! 여러분에게 지금까지 강조한 데이터베이스 구축과 영업의 루틴을 만들어나가는 과정이 쉽지 않지만 결과가 나오기 시작하면, 더 이상은 타율이 아니라 스스로 밤을 새워서 하게 될 것이다.

돈의 맛이라는 것이 그렇게 무섭다.

5. 건물 사진 촬영(공실 사진, 건물 외관, 공용부, 특장점 등)

앞서 건물 스태킹 플랜을 만드는 과정 중에서 '사진 찍기'를 언급했다.

사진은 앞서 언급했듯이, 다시 안 가도 될 정도로 건물 내외부를 최대한 찍어둔다. 인근 지역 신축 건물을 수주하기 위해 제안서를 만들 때도 건물 사진들은 필요하고 이런 사진을 찍는 과정에서 상당히 많은 정보를 확보하게 된다.

해당 건물 내 공실이 있는 경우, 건물주나 건물 관리사무소를 통해서 공실인 공간의 사진을 찍어두면 향후 가망 임차인이 생겼을 때, 임차 제안이 한결 수월해진다.

최근 들어 유튜브가 마케팅에 매우 활성화되어 있고, 그야말로 홍보 홍수의 시대다. 여러 이유로 답사를 안 오거나 못 오는 고객을 위해서 '영상'을 보내줄 수도 있고, 영상을 유튜브나 각종 SNS에 올려 고객을 찾을 수도 있다. 블로그나 네이버 부동산의 홍보 효과도 여전하지만, 더 많은 채널이 생기고 효과도 있다는 점을 명심하자!

영상을 더 잘 찍을 수 있도록 연습하는 것도 매우 중요하다.
각종 마케팅용 계정을 만들고 업로드를 해보라!
지속적으로 홍보물을 올려라!

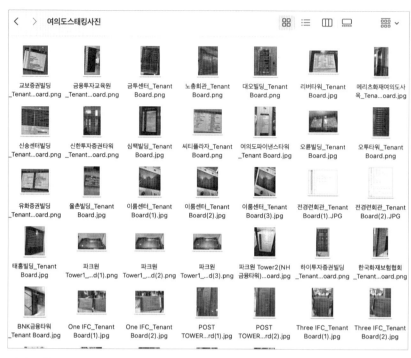

여의도 한 블록 내 건물들의 층별 임차인 인포메이션 사진 모음　　(출처 : 저자 제공)

수집된 영업 데이터의 원장화
_ 고객 리스트, 매물장, 신축 빌딩 리스트

여러분은 중개업 창업을 위해 이 책에 따라 3주를 넘어가며 창업 희망 지역에서 데이터 수집과 창업 준비를 해오고 있을 것이다. 이 과정을 통해 공실 정보 확인은 '매물장'이 되었다. 해당 공실이 속한 건물 소유자들의 명단은 '고객 리스트'가 되었다. 특히 신축 빌딩의 경우는 중장기적으로 안정적인 수익을 가져다줄 '수주원'이 되어줄 것이기에 더욱 소중하다.

결국은 '고객'을, '사람의 마음을 얻기' 위한 활동의 일환이다.

데이터 관리의 궁극적인 목표는?
정리된 데이터, '사람의 목록'을 만드는 이유는 뭘까?
돈을 벌기 위함인가? 맞다.
그러나 돈을 벌기 위한 목적만이라면 너무 씁쓸하지 않은가?
다른 이유를 하나 더 이야기해보자!

여러분에게 내주는 숙제다!

여러분은 공인중개사라는 직업을 왜 선택했는가?
답 : _____

답이 어떤 것이라도 그 답으로 빠르게 데려다줄 방법을 나는 이 책을 통해 이야기하고 싶었다. 때로는 무식하고 요령 없는 사람처럼 보일지라도 묵묵히 오늘도 내일도 무슨 수련을 하듯이 파밍을 나가자고 이야기하고 싶다.

그런 직업이 공인중개사라고 나는 배웠다.

평상시 에이전트, 컨설턴트라는 단어를 더 많이 사용하기는 하다. 누군가의 일을 처리해줄 때, 마음과 주변까지 살펴가며 해주는 마음이 있어야 에이전트라고 영화 〈머니볼〉의 대사에서 본 기억이 난다. 그 이후에 더 에이전트라는 단어를 선호한다.

내가 일한 시간, 내가 만난 사람의 숫자에 따라 버는 돈이 늘어나고 내 실력도 늘어나는 세상 최고로 정직한 직업이라고 배웠다. 그래서 한탕주의이며 큰돈 쉽게 벌 것처럼 생각하고 노후를 위해 무슨 스페어타이어 마련하듯 자격증을 딴 사람들, 공동중개나 하고 살려고 영업은 할 생각도 없는 사람들을 경멸한다. 음, 정정하자면 경멸까지는 아니고 만나고 싶지 않다.

수천 명을 가르치고 수백 명을 코칭했다. 수많은 사람이 못 견디고 떠났다. 남은 사람의 공통점이 있다. '부동산을 마지막 직업으로 선택한 사람들이다.' 영업을 한다는 것은 결국은 모르는 사람과 상황을 스스로 직면하는 것이다.

거절의 파도를 만난다. 그 파도를 넘어서야 한다.
벽을 만나게 된다. 그 벽을 넘거나 뚫어야 한다.

파도에 수장되지 않고 벽 앞에서 울지 않기 위해 부단히 연습하고 실력을 쌓아야 한다. 스스로가 최고의 전문가라고 자부하게 된다면 어느 순간 파도를 즐기고 벽을 타는 암벽 등반가가 되어 있을 것이다.

결국에는 알게 된다.
거절? 파도? 별거 아니다.

고객의 거절은 당신을 거절한 것이 아니라, 그냥 이사를 안 한다는 뜻이다. 어차피 모르는 사람이다. 영업하면서 '내 마음을 보호'해야 한다.

10년 된 기존 경쟁 업체를
이기는 방법
_ 본격적인 중개 영업

A급 고객 리스트는
어떻게 관리되어야 하는가?

매일 관리해야만 하는 필수 고객이 A급이다. 즉, A급 고객은 가장 빠르게 수익화될 수 있는 고객이다. 계약을 위해 매일 관리하는 고객이라는 뜻이다.

출근하면 가장 잘 보이는 자리에 A급, B급 고객 상담 차트 모음 파일을 둬라! 당신이 한 달에 1,000만 원을 벌기를 원하는데, 주로 취급하는 물건의 평균 계약 수수료가 500만 원이라면 매달 2건 이상의 계약을 해야 할 것이다.

A급 고객은 10~20명(고객사)이 유지되어야 한다.

이 코칭의 궁극적 목적은 계약 진행이 당장이라도 가능한 고객과 물건을 최대한 확보하자는 것이다. 더 중요한 것은 여러분이 창업이나 취업을 희망하는 여러분의 '나만의 지도' 안에 있는 블록에서다. 그 블록에서 시작해서 점점 넓혀 나간다. 역삼동의 작은 블록에서 파밍을 시작해서 횡단보도를 건너가 넓히고 신축 빌딩을 수주하면서 넓혀 나간다. 당연히 A, B급 고객의 수가 늘어날 것이다. 의식적이고 맹목적으로 늘리기 바란다. A급 고객 상담 차트 파일에서 계약이 되면 한 장이 빠져나가고 그사이 새로운 A급 고객이 추가되는 형태가 유지되려면 신규 고객 접촉을 끝없이 해야 한다. 그게 핵심이다.

  하루에 10명을 만나라고 신입 초보 공인중개사들이 입사하면 이야기한다.
  쉬운 일이 아니다. 사실은 하루에 1~2명으로도 충분하다.
  단, 매일, 매주, 매월, 매년, 이 정도는 누적해나가야 한다. 하고 안 하고의 결과는 너무나 다르고 심지어 가혹할 것이다. 이것을 하는 사람만 '돈'을 버는 게임이다.

충분한 데이터가
확보되고 있는가?

창업(취업) 후, 한 달 기준으로 몇 명의 고객을 만났는가? 이 책의 목차를 기준으로 한다면, 여러분은 영업의 세계에 들어와 한 달째가 되는 주다.

여러분의 손에는 몇 장의 고객 상담 차트가 있는가?

총 몇 명을 만났는가?

몇 개의 공실 정보(매물장)를 확보했는가?

여러분의 영업지역 내 몇 개의 건물이 신축되고 있는가?

여러분이 조사한 1층 상가 중에 여러분이 오픈하고 싶은 자리가 있는가?

여러분이 창업하려는 지역의 공실에는 어떤 공인중개사 사무실(경쟁자)들이 현수막을 걸거나. 전속 물건을 맡아서 업무를 진행하고 있는가?

만난 사람의 숫자가 30일 기준으로 300명 이상에 육박한다면, 여러분 영업의 행군은 순풍을 만난 배처럼 순탄한 출발을 하고 있는 것이다. 이 시점이 되면 분류를 하면서 계약이 가능한 물건과 고객을 재방문이나 제안을 하면서 '수익화'나 '전속 수주'를 위해 노력을 병행해야 하는 시점이 된다. 어느 영업이나 마찬가지이겠지만, '가망 고객'을 만들기 전에 불특정 다수의 사람을 계속 만나고 누적시키는 일은 필수다. 사실 이게 제일 힘들다. 영업이라는 것이 어떻게 보면, 판매까지 이르는 전체 프로세스 중 제일 처음 힘든 일을 제일 앞에 하는 것이라는 생각이 든다.

지역 내에서 이미 10년 이상 공인중개사 사무실을 운영하는 경쟁사 중에서 이미 자리를 잡거나 상당한 영업력을 갖춘 곳이 있을 것이다. 최대한 따라잡고 같은 시장 내에서 경쟁에서 밀리면 안 되기 때문이다. 중개업의 특성상 업무의 완성 면에서 본다면 99%가 존재하지 않는다. 아무리 계약에 근접한 영업이 이뤄졌다고 하더라도 계약을 한 공인중개사만이 수익을 남기는 극한의 치킨 게임이다. 이런 게임에서 이기는 방법은 여러 가지가 있지만, 이 책에서 세일즈 코치인 내가 권하는 방법은 꾸준함, 성실함과 정직함으로 일하자는 정석의 방법이다. 오래 남으려면 정석으로 일을 해야 한다.

1. 지역 내 건물 관리사무소 방문(소장 명함 등 확보) 여부 : '나만의 지도'를 펼쳐보라!

여러분은 이 책의 첫 페이지를 넘기면서부터 계속 반복되는 '파밍'을 해오고 있다. 여러분의 지도가 여러 메모와 체크 표시로 지저분해져 있을 것이다. 지도 안의 건물별로 코드가 부여된 경우도 있고 만난 건물들을 엑스나 체크 표시로 지워나가며 무슨 카페 마니아들이 '카페 방문 도장 깨기' 하는 것처럼 만남이 쌓이고 있을 것이다. 공실 정보를 알려주고 건물의 공실 층을 여러분에게 보여줬던 건물주나 건물의 관리 소장님들의 연락처를 구분해서 다 받았을 것이다. 그 연락처(명함)를 차분히 정리해야 한다. 1달 정도 파밍을 하면서 만난 건물 소유자 측을 지도와 연동해서 그때그때 마다 매일 정리하는 습관을 들여놓자! 스마트폰에 저장하는 방식도 명함 정리를 도와주는 앱이 다양해서 얼마나 편한가? 지역에 대해서 모르는 것이 없을 정도로 익숙해지면 여러분의 지도 안의 건물의 건축물대장의 면적의 소수점 뒷자리까지 외울 필요는 없지만 이름만 들어도 건물의 모습이 떠오르고 기준층 면적이 떠오르게 된다. 완벽한 변별력을 갖춘다고 하면 어떨까 싶다. 이런 변별력을 갖추고 나면 여러분의 '나만의 지도' 안에서 부동산을 찾는 고객이 생기면, 변별력이 없는 공인중개사 사무실들은 다른 곳에 공동중개하자는 전화를 하거나 그제야 동네를 찾아 나설 것이다. 변별력이 있는 사람은 바로 적합한 건물이 떠오르고 바로 전화를 걸게 된다. 심지어 면적만 적합함을 판단하는 변별력이 아니라, 부동산을 찾는 임차인(매수자)의 사용 용도, 업종에 따라 머릿속에서 필터링도 자유롭게 된다는 사실이다.

"소장님(사장님)! ○○빌딩에 두 달 안에 한 개 층 나올 게 있나요?"
이 정도는 되어야 동네 고수 아니겠는가?

2. 지역 내 네트워크 관리를 위한 노하우

네트워크는 어떻게 보면 인맥이기는 한데, 그냥 인맥은 아니고 내가 창업이나 취업하려는 지역에서 '부동산 중개업'을 하는 데 필요한 인맥이다. 같이 공동중개할 수 있는 능력 있는 공인중개사, 건물주나 건물 소장님들, 지역 내 은행이나 증권사 지점장님들, 지역 내 법무사, 세무사, 회계사, 변호사 등 부동산과 밀접한 전문직들을 꾸준히 만나고 인맥을 쌓아야 한다. 어떤 이슈가 생겨서 연락해도 일은 같이할 수 있겠지만, 사람과의 관계가 그렇게만 돌아가는 것은 아니지 않은가? 특히 우리나라 사람들은 정이 많아서 조금 친해지면 무리하다 싶은 부탁에도 도와주려고 애써주지 않는가? 평소에 지역에서 파밍을 하다 보면, 거절에 지치거나 일의 능률이 떨어지는 날이 있다. 이럴 때는 당장은 이슈가 없지만 언젠가는 만날 수 있는 '여러분의 조력자'를 미리 만나두자!

특히 동네에서 파밍을 하다 보면, 많은 건물에 '임대 현수막'을 볼 수 있다. 내가 영업하고 있는 '나만의 지도' 안의 동네에서 이미 어떤 성과를 보이면서 활동하고 있는 경쟁사 공인중개사들이다. 간혹 그런 건물 중에는 임차인만 생기면 계약 가능성이 상당히 큰 우량 건물들도 많다. 이런 건물을 그냥 지나치지 마라! 그 건물에 들어가봐야 한다. 전속이 아닌 경우도 많다. 건물주나 관리소장이 여러분에게도 임대를 진행하도록 의뢰를 할 수 있을 것이다. 어떤 경우는 현수막을 걸어놓은 공인중개사 사무실에 연락해서 같이 하도록 이야기도 할 것이다. 이런 경우는 해당 공인중개사 사무실이 오랜 기간 건물을 관리했다는 증거이므로, 그 공인중개사에 연락해서 인사도 하고 자료도 받아둔다. 내가 임차인을 찾아서 어차피 전속이 아니니 건물에 직접 접촉해서 진행하는 방법을 선택할 수도 있지만 접촉한 해당 중개사무실과 협업해서 빨리 진행하고 다른 일을 더 하는 방법도 좋다. 이 경우에는 동네에 친한 동료 공인중개사를 얻게 되는 효과도 생긴다. 그럼에도 불구하고 이후에 건물에 정기적으로 인사 다니는 것도 잊지 말자! 언젠가는 여러분이 전속 받아야 하는 건물이다. 여러분은 지역에서 계속 활동하기 위해 창업, 취업을 하기 때문에 당장 내 고객이 안 되더라도 지속해서 관리하다 보면 다음에는 건물주가 먼저 여러분에게 연락할 것이다. 8층이 공실 예정이라고 말이다. 때에 따라 매매로 이어지기도 한다.

3. 신축 빌딩을 데이터를 활용한 전속 빌딩 수주법 : 입지분석 및 신축 건물 전속권 확보 방법 코칭

이제부터 하려는 이야기는 아주 중요하다. 여러분은 지금 특정 지역에서 창업과 취업을 계획하고 이 책을 읽고, 지면상이기는 하지만 코칭을 받고 있다. 심지어 전혀 부동산 경험이 없는 초보 공인중개사라 할지라도 2~3개월 정도 성실하게 파밍한다면 상당한 실력을 갖출 수 있을 것이다. '노련해지지는 않겠지만 일할 만한 공인중개사로 만들어진다는 뜻이다.' 첫날 영업을 시작해서 '나만의 지도' 안에서 만나기 시작한 신축 공사장이 완공되어가거나 준공 임박이 될 것이다. 상품이 완성되어가는데 여러분은 팔 능력자가 되어간다는 뜻이다.

역삼역 이면 기준으로 연면적 1,000평 규모의 건물을 전속 받아 준공 전후에 빠르게 만실(임차인 모집 완료)을 시킨다고 생각해보자! 최소 5,000만 원 이상의 수익이 보장될 것이다. 임차인 유치까지 여러분이 진행했거나 건물주와의 전속 계약상 약정 수수료가 높은 경우는 1억 원 상당의 수수료가 보장될 것이다. 지역에서 이런 규모의 건물을 여러 동을 동시에 수주하게 된다면, 안정적 수익을 예상하면서 임차인을 찾는 마케팅도 탄력을 받을 것이다. 영업을 처음 시작하는 초보 공인중개사일수록 '물건 측 대리인'으로서 영업을 시작한다면 조금은 수익을 내다보면서 사업 계획을 맞춰 나갈 수 있을 것이다. 물론 건물주의 대리인이 되어 전속업무를 수행하는 일은 상당한 책임감이 따른다. 쉽게 이해할 수 있도록 말한다면, 전속 받은 건물에 공실이 모두 해소되는 날까지 개인의 삶이나 워라밸(Work and Balance) 따위는 갖다버리기 바란다. 건물이 다 채워지기 전까지는 휴가는 없다고 생각하라! 돈이 쉽게 번다고 나는 이 책에서 한 번도 이야기하지 않는다. 전속 중개는 강력한 책임중개여야 한다. 수년 전 내가 맡은 ○○빌딩 건물주는 하루 휴가 간 나에게 화를 내면서 이런 말을 했다.

건물주 : 노 팀장? 빚 있어?

노창희 : 아니요?

건물주 : 네가 내 건물 담당이니, 내 등기부등본을 봤겠지. 나는 빚이 얼마나 있어?

노창희 : 160억 원이요!

건물주 : 네가 빚이 160억 원 있으면, 잠이 오겠어? 건물이 비었는데 담당자가 휴가를 가냐? 네가 책임감이 있긴 한거야?

노창희 : …. 죄송합니다….

그날 나는 '죄송하다'라고 이야기하고 그 건물이 다 채워질 때까지 놓지 않았다. 조그만 내 건물이라도 갖게 된 시점부터는 더 건물주들을 이해할 수 있었다. 그런 마음으로 전속을 받아서 일하면 된다. 그런 마음으로 전속을 받아 임차인을 채워나가다 보면 그런 과정상에서 건물주의 만족도가 높아지는데, 그 신뢰는 향이 있어서 옆 건물주들이 모두 나를 주목하게 된다. 이때를 놓치지 않고 추가 수주를 계속해나간다. 많은 수주원은 마치 넓고 바닥이 보이지 않는 저수지가 되어 여러분이 목말라 죽는 일이 아예 없도록 만들어줄 것이다. 앞으로는 전속 받고 싶은 건물을 어떻게 전속을 받을지 전속 건물은 어떻게 채워나갈지를 이야기해보도록 하겠다.

지역 내 회원 공인중개사 사무실 인수, 어떻게 해야 할까?

여러분은 파밍을 한 달이 넘게 하고 있다. 여러분이 창업이나 취업을 희망하는 지역에서 파밍을 하고 있고 공실을 무수히 확인했을 것이다. 좋은 자리 보는 안목도 생기고 비었는데 공실이 비싸서 안 팔리는 것인지 경기 탓인지 판단할 수 있을 것이다. 이 시점에서 스스로 질문을 던져본다.

여러분이 창업하기에 적합한 1층, 2층 외에도 공간이 있는가?
그 자리가 이미 공인중개사 사무실인가?
창업 예정지의 중개업체들은 회원, 비회원을 가려 일하는 지역인가?
아니면 누구나 자율 경쟁을 하는 지역인지를 판단해보자!

보통 공인중개사 창업 컨설팅을 한다고 해도 오픈할 만한 자리는 열심히 파밍한 사람이면 스스로 다 찾게 된다. 그렇지 않다면, 스스로에게 물어보라! 제대로 일하고 다녔는지(추측. 아닐 것이다) 말이다.

내가 창업할 만한 '공인중개사 사무실 자리'를 찾았는데, 자율 경쟁지역이면 법적인 요건을 갖춰 오픈하면 된다. 이 책에서 내가 강조하듯 파밍의 결과물들을 계속 발전시켜 '나만의 매물장', '나만의 고객 명단' 등을 만들어나가면서 끝없는 매칭 시도(계약 시도)를 하고 수익을 만들어가면 된다.

그런데 지역 회원업체 카르텔이 너무 심해서 기존 공인중개사 사무실 자리를 인수해야 하는 경우도 있다. 일부러 주변과 반목을 할 필요는 없다. 물론, 여러분의 선택이다.

기존 업체 인수의 경우, 데이터와 자릿세를 명목으로 권리금이 존재한다. 적지 않은 금액이므로 잘 협상하기 바란다. 저돌적이며 엄청난 몰입으로 내 손에 고객과 매물원장 두 가지가 충분히 만들어졌다면, 회원업체 인수를 위한 권리금을 폭발적인 마케팅 비용으로 투입해 지역 내 1등을 위해 도전해볼 만하다. 어차피 의뢰하는 고객은 공인중개사 사무실의 회원, 비회원 여부보다는 자신의 부동산 거래를 빨리 좋은 조건으로 처리해주기만을 바랄 뿐이다.

공동중개망
제대로 활용하기

부동산 일을 28년째 하고 있지만, 부동산 중개 시장은 참 고집스럽게도 발전이 더디다. 미국 같은 선진국에서 당연하게 이뤄지는 부동산 매물의 접수와 전속 진행이 한국에서는 잘 안 되고 있다. 우리나라의 부동산 가격이니 시장 규모가 작은 것은 아닌데 워낙 우리나라는 지역별로 작은 공인중개사 사무실이 많고 미국의 MLS와 같은 매물 전국망도 없다.

네이버 부동산에 특정 지역 내 부동산 매물을 검색하다 보면 같은 매물이 약간 다른 금액과 조건으로 적게는 몇 건, 많게는 수십 건이 검색된다. 당연히 전속이 아니다. 허위 매물을 막고자 확인 매물로 매물 등록한 것들이다. 보통은 이런 상황을 잘 활용해서 영업력과 결합해서 매수자를 공동 진행 시켜서 계약까지 체결이 되기도 하지만 상당한 혼선과 분쟁이 발생하는 것도 사실이다. 미국과 같은 부동산 시스템 선진국에서 이야기하는 공동중개망과 우리나라에서 사용하는 공동중개망은 상당한 차이가 이미 있는 것이다. 기본이 전속 계약 후, 판매되는 매물인지 누구나 접수받은 일반 중개 매물인지는 거래는 성사되더라도 업무 프로세스상 상당히 다른 면을 보인다. 관행이라는 이름으로 진행되는 구식의 마케팅 방법이 아직도 업계에 상당히 존재하는 것이다. 그러나 현실을 탓하면서 배제할 수만은 없다. 계약을 언제나 나 혼자 독자적으로 끝낼 수는 없기 때문이다.

기존 관행도 알고 대처하되 전속권 확보를 위해 계속 노력하고 지금 불편해도 고객에게 더욱 이로운 형태로 업무를 진행하자고 이야기하고 싶다.

전속 계약을 체결하고 책임 중개를 하는 것이 실제로는 고객에게 이익을 준다. 그 이유는 부동산도 상품인 만큼 시장에서 동일한 가격으로 판매되어야 판매 확률이 높아지기 때문이다. 부동산을 판매하려는 소유자들은 10개의 공인중개사 사무실에 매수자를 찾아달라는 의뢰를 하면서 10개의 기회를 얻는다고 생각할지도 모르겠다. 때로는 그렇게 해서 매수자를 찾아오면서 부동산 자산을 늘려 왔을 것이다. 부동산 소유자 입장에서는 실제 거래를 성사시킨 능력이 있는 공인중개사 사무실을 처음부터 선정해서 전속을 주고 그 전속 사무실을 통해서 10개 사무실이 아니라 100개, 1,000개의 공인중개사를 전속 사무실이 접촉하고 관리할 수 있도록 요구해야 한다. 전속을 받은 사무실은 책임 중개를 위해 본인이 직접 타깃 마케팅과 홍보로 매수자를 찾아야 되지만 시간 절약과 고객의 이익 실현을 위해 꼭 1,000개 공인중개사 사무실이 아니더라도 가망 매수자를 보유한 최대한의 공인중개사들에 홍보를 진행해야 한다. 당연히 수수료도 나눈다. 나의 시간을 절약시켜준 상대방 사무실의 수수료는 해당 사무실의 몫으로 두고 전속 계약안에 작성된 여러분의 수수료를 오히려 나눠주라는 의미다. 그렇게 나누는 의미는 상대방 공인중개사 사무실이 여러분의 돈보다 중요한 매수자 찾기 시간을 아껴줬기 때문이다. 정리해보자!

전속 계약을 맺고 매물을 접수한다(일반 중개 의뢰로 접수하더라도 지속적으로 제안하고 전속권을 확보한다). 거래 상대방을 직접 찾기 위해 최선을 다한다. 그럼에도 확보된 전속권을 바탕으로 최대한 홍보하고 수익을 적극적으로 다른 공인중개사 사무실과 나눈다.

협업에만 의존하면 안 되는 현실과 나의 목표

앞서 전속으로 매물을 접수하고 직접 속칭 '양타'를 치기 위해 노력해야 하지만, 시간을 아끼고 빠른 거래를 위해 다른 공인중개사 사무실과 협업도 강조했다. 그러나 전속 계약까지는 잘 맺었지만, 상대방 고객을 찾는 영업은 잘하지 못하는 경우가 많다. 특히 중개업을 어설프게 1~2년 한 경력이 있는 공인중개사들이 이런 증상이 심각하다. 협업은 시간을 아끼거나 더 큰 프로젝트를 진행하기 위해서다. 혼자 충분히 할 수 있다면 혼자서 모두 중개해야 한다.

공동중개 2건은 여러분의 단독 계약 1건과 같은 효과다.
절대 쉽게 내가 할 수 있는 일을 생각 없이 협업하지는 말아야 한다!
전문가의 협업은 수익 배분임을 명심하자! 여러분의 목표 달성이 늦어지는 것이다.

독자적인 공인중개사 사무실 운영을 위해서는 어떻게 해야 할까?

독자적으로 공인중개사 사무실을 운영하기 위해서는 영업인의 마음가짐이 중요하다. 영업을 하는 데 '마음'이라는 단어는 어떤 의미가 있을까?

어떻게 보면, 마음이라는 단어는 정말 중요하다. 부동산 중개업무를 처음 시작하다 보면 앞서 언급 물건이라는 단어에서도 느낄 수 있다. 부동산의 '부동'이라는 단어에서도 느낄 수 있듯이 '부동산이라는 하드웨어'를 거래하는 것이다. 마음이랑 상관없어 보인다. 그러나 실제로는 그 하드웨어를 소유한 사람의 마음과 관심 가지고 사고 싶어 하는 사람의 마음이 만나는 것이다. 그 두 마음이 만나서 합을 이루게 만들어야 하는 사람이 공인중개사다.

그렇다면 '공인중개사의 마음'은 어떤 마음이어야 할까?

돈이어야 할까? 비싸게 팔아주고, 싸게 사주는 두 마음의 중간 지점이어야 할까?

둘 다 중요하다. 하지만 정말 중요한 것은 이 거래를 통해서 양쪽 고객이 어떤 이익의 극대화와 혜택을 얻게 되느냐다. 포커스를 고객의 행복(그들의 이익과 혜택)에 포커스를 두고 중개 영업을 진행해야만 한다. 재미있는 것은 그런 공인중개사의 마음은 고수인 건물주나 매수자에게는 바로 들킨다. 알아챈다는 뜻이다. 그럼, 고객은 그들의 마음을 열게 되고 공인중개사가 부동산 값을 왜 내려야 되는지, 때로는 매수자가 왜 더 주고라도 이 거래를 해야 하는지 납득하게 된다는 것이다.

'고객의 마음'을 얻는 것이 실제 계약이다.

전속 계약 확보의 중요성
_ 임대 대행 컨설팅

전속 중개 계약은 필수

실질적인 계약은 전속 계약에서만 나온다. 사실 모든 부동산 중개 계약이 전속으로 의뢰받은 물건에만 나오는 것은 아니다. 그러나 공인중개사의 마음속에 오래도록 간직될 만한 계약, 규모가 큰 계약, 기업 간의 계약 등은 대부분 전속 계약에서 나온다. 특히 부동산을 소유한 기업의 대행사로 단순 중개가 아닌 컨설팅 용역업무, 자문업무를 하게 되는 경우나 그런 부동산을 다른 기업이 입주하거나 매입하는 업무가 진행된다면 공인중개사나 중개법인이 전속 용역으로 진행하지 않고 있는 상황에서 오히려 고객이 '용역 계약'을 맺어야 한다고 이야기할 것이다.

사실은 그런 프로세스는 당연한 것이다.

일을 시키는 근거와 일이 성사되는 경우 수수료(용역비, 자문료)를 지급할 근거도 있어야 하기 때문이다.

용역 계약의 내용 중에는 '용역 수행의 범위'가 모두 기재되어 있다. 어떤 부동산 서비스를 제공해야 하는지 명확하게 '계약'을 맺는 것이다. 그리고 기간이 명시되어 있는 언제까지, 해당 업무를, 누구를 통해서, 어떻게 성사시킬 것인지가 명확하다. 당연히 진행되는 모든 과정은 정기적으로 업무보고, 대면보고를 진행하게 된다. 기업 간의 거래나 자문 용역(컨설팅) 업무를 해보지 못한 공인중개사들은 속칭 '법인 부동산'이 중개업법상 수수료 최대치 이상을 과다 청구하거나 자신들의 동네에 있는 부동산을 다른 동네에 있는 법인이나 대형 부동산 회사가 전속 받아 처리해버리는 모습을 보고 상당한 반감을 갖기도 한다.

세상에 그 어떤 고객도 일한 대가에 비해
일부러 더 큰 수수료를 주지는 않는다.

그래서 과다 청구가 아니다. 단순 중개 업무에서 청구하는 중개 수수료와 장기간 고객사와 용역(자문) 계약을 맺고 해당 부동산 업무만을 중개가 아닌 일방 대리로 해당 고객의 이익만을 대변하면서 해당 거래 만에 집중해 인력을 투입하고 시간을 투입하는 업무는 성격이 다르다. 다만, 컨설팅이라는 단어로 무자격, 무허가 형태로 공인중개사가 아닌 사람이 부동산 거래는 하는 것은 절대 안 되는 일이지만 말이다. 이런 기업 간의 거래나 전문 용역(자문)업무 아래에서 일어나는 전문 서비스 영역을 모르는 사람은 마치 기업 형태의 부동산 회사가 지역의 공인중개사 업무 영역을 침범한 것처럼 여기거나 심한 경우, 항의 전화를 하기도 한다. 그러나 그들은 안다. 공인중개사의 업무에는 지역의 한계가 없다. 여러분이 어느 지역에서 창업이나 취업을 하더라도 본인의 노력에 따라서 얼마든지 영업지역을 넓힐 수 있는 것이다. 이제는 특정 지역에서 개업해 공인중개사 사업을 하는 공인중개사들도 부동산 업의 전문화와 선진화를 위해 공부하고 노력해야 한다.

초보 공인중개사는 전속만으로 일을 한다고 생각해야 한다.

여러분이 창업(개업)하게 되면, 머릿속에 '전속'이라는 단어를 심어두고 일을 시작해보자! 부동산 거래를 의뢰하는 고객에게 언급조차 하지 못해서 전속으로 수임하지 못하는 경우가 더 많다. 앞서 언급한 고객 상담 차트로 상담하고 상담하면서 전속 수주를 위한 멘트와 설명을 지속 진행해야 한다. 사실 한 지역에서 개업해 일하는 공인중개사 중 오랜 기간 훌륭한 실력을 갖추고 있는 분들도 많은데, 그런 분들은 고객을 리드하고 관리하는 노하우도 출중한 경우가 많다. 설사 전속을 안 받고 일반 중개로 의뢰받아서 진행한다고 하더라도 진행이나 수수료 청구에 전혀 무리가 없다. 그런 지역 경쟁자들은 여러분이 애쓰며 일하고 있는 좋은 물건이나 고객조차 모두 알고 있다. 여러분이 비전속으로 의뢰받은 것처럼 똑같이 매도자(임대인)로부터 의뢰를 받았기 때문이다. 여러분이 경쟁에서 무조건 이길 수 있다고 생각하면 안 된다. 최소한 법적 보호나 책임 중개를 위해 '전속 용역 계약'을 체결하고 일한다면 여러분의 실력이 다소 부족해도 더 많이 홍보할 수 있을 것이고 더 깊은 책임감으로 거래를 위해 노력할 것이다. 상대방이 침범하지 못하는 안전성 속에서 일에 대한 집중도가 나오고 계약이 성사된다.

전속 중개 계약 제대로 이해하기 : 책임 중개

전속으로 중개업무를 수임하라고 강조하고 극단적으로 초보 개업 공인중개사의 경우는 전속 의뢰가 아니면 업무를 맡지 않는다는 각오로 임하라고 말한다. 가끔은 착각하는 중개사들이 있다.

착각 하나! 전속 계약은 수수료 확보다!
착각 둘! 나만이 거래할 수 있는 계약이다!

수수료 확보는 맞다! 단, 거래가 성사 되었을 때 이야기다. 보통의 부동산 물건은 상품성 있는 금액으로 매매가가 형성되어야 하고 많은 사람에게 홍보가 되어야 한다. 못된 사람의 특성이 A 공인중개사가 수임한 빌딩 매물을 B라는 공인중개사가 A를 통해서 알게 되었음에도 매수자를 진행하는 데 있어서 상도의를 깨고 소유자에게 직접 연락하는 얌체 중개사들도 많다. 속칭 '뒷박', 뒤통수를 친다는 뜻이다. 워낙 이런 일이 많아서 나는 당한 사람이 더 잘못이 크다고까지 이야기를 할 정도다. 경쟁에서 밀리고 화를 내는 것보다는 잘 지키고 여러분에 의해 계약이 성사되기를 바란다.

분야별 전속 계약서 샘플을 몇 가지 공유하겠다.

민법상 계약의 정의를 생각하면, 공인중개사(에이전트)는 고객이 요구하는 다양하고 복잡한 부동산 업무를 맡아 인건비, 투자 시간, 비용 등을 감안해 쌍방 간에 어떤 조건의 용역(자문, 컨설팅) 계약도 맺을 수 있다고 생각한다. 업력이 쌓이면 고객과의 첫 미팅에서 어떤 니즈가 있는지 파악해내고 때로는 고객도 막연하게 어떻게 해야 할지를 모르는 일을 제안하고 그 일에 적합한 사람이 여러분이라는 것과 일의 대가도 충분하게 청구할 수 있을 것이다.

다음 4가지 종류의 용역 계약서는 그야말로 중개의 큰 4가지 영역의 계약서다. 고객이 필요로 하는 내용에 따라 변형해 사용하기 바란다. 내 경우에는 어린 초보 공인중개사 시절부터 평소에 이 4가지 계약서를 매일 들고 영업을 나갔고 처음 만난 고객이라도 피를 튀기면서 '나에게 전속을 달라고!' 요청하고 그 요청을 어떻게 처리해서 고객에게 이익을 줄 수 있는지를 열변을 토했다.

다음 4가지의 용역 계약서를 상황과 부동산 물건에 따라 변형 사용하면 된다. 간단히, 수수료 약정 형식의 전속 의뢰로 진행하는 경우에는 간단한 1장짜리 수수료 약정서를 만들어 용역 기간 정도만 넣은 약식 전속 용역 + 수수료 약정서로 활용해도 좋다.

부동산 임차자문용역 계약서(샘플)

고객명(이하 "갑"이라 칭한다)과 주식회사 부동산 회사(이하 "을"이라 칭한다) 는 임차자문 용역계약을 다음과 같이 체결한다.

제1조 : 용역의 내용

"갑"이 "을"에게 도급하는 용역의 내용은 다음과 같다.

- 용역의 종류 : 임차 자문용역
- 내용, 지역 : (면적, 조건, 희망 이전 지역)
- 예산 :

제2조 : 용역의 범위

"을"은 "갑"에게 의뢰받은 용역을 수행하기 위하여 다음의 업무 범위 내에서 필요한 활동을 수행하기로 한다.

1. 대상물건의 조사(임차가 가능한 빌딩 리스트 제공, 지역 조사, 시세 조사 등)
2. 권리분석(소유권 및 소유권 이외의 권리사항 파악 및 분석)
3. 가격 및 계약 조건의 조정(적정가격을 위한 조정, 세부계약조건 협의)
4. 계약의 체결(계약서 작성 등), 사후관리(계약 후 잔금까지의 필요사항 체크, 입주까지의 제반 사항 지원)

설명) 임차 자문에서 가장 중요한 것은 변별력이다. 임차 자문을 수행하는, 에이전트(공인중개사)가 고객이 이전을 희망하는 지역에서 이전 가능한 건물을 찾거나 그 지역의 다른 공인중개사 사무실과의 공동중개를 위해서 해당 업체의 공실 정보를 받는다고 가정해보자! 적합한 물건인지 아닌지 골라낼 수 있는 변별력 말이다. 이런 변별력은 임대업무도 잘 아는 공인중개사(에이전트)가 제대로 알 수 있다. 여러분이 처음 가는 동네에서 다른 공인중개사 사무실을 통해 받은 물건도 여러분의 고객에게 적합한 물건인지 빠르게 파악할 수 있어야 한다. 그 능력의 기본은 여러분의 '나만의 지도' 안의 파밍을 완성했던 기억과 오늘도 그 지역에서 파밍하고 있을 테니 가능하다. 동네가 다르지 건물에 대한 분석, 그 건물이 지역의 도로와 교통 환경에서 갖는 위치 가치, 주변 건물대비

가격 등을 바로 여러분 파밍지에 빗대어 추산할 수 있는 것이다. 운전에 익숙해진 사람이 아무 차나 다 운전할 수 있는 것과 같다.

실제로 건물(임대업무)에 대해 잘 모르는 사람은 임차 자문용역을 제대로 할 수 없다.

(　　)인지 된장인지 구별할 수가 없기 때문이다.

제3조 : 제비용 부담

1. 용역 업무 수행을 위한 제반 경비는 "을"이 부담한다.
2. 별도의 비용이 필요할 경우 "갑"과 "을"이 협의하여 소요 비용을 "을"에게 지급한다.

제4조 : 자문용역 계약 기간

"갑"과 "을" 간의 용역 계약 기간은 계약 체결일부터 __개월(20 년 월 일 ～ 20 년 월 일)로 하되 상호 별도의 해지 통보가 없는 한 1개월씩 자동 연장하는 것으로 한다.

제5조 : 자문용역비의 산정

"갑"은 "을"이 소개하는 임대인과 임대차 계약을 체결할 경우 자문용역비는 거래금액(보증금 + 월 임대료 x 100)의 __%로 한다. (부가가치세 별도)

제6조 : 자문용역비 지급방식

1. "갑"은 제5조의 자문용역비를 임대차 계약 체결 시 __%, 잔금 입금 시 __% 를 지급한다.
2. 자문용역비는 현금으로 지급하며 위 모든 비용에 대한 부가세는 별도로 지급한다.

제7조 : 계약 주체의 변경

1. "을"은 본 용역 계약 관련된 권리와 의무를 "갑"의 사전 서면승인 없이는 제삼자에게 양도할 수 없다
2. "갑" 또는 제삼자가 임차를 추진할 경우, "갑"은 "'을"의 권리를 유지할 수 있도록 "을"을 보호하여야 한다.
   "갑"이 제2항의 의무를 이행하지 못할 경우, "갑"은 "을"에게 제5조에 따른 보수를 즉시 지급하기로 한다.

제8조 상호 업무 협조

"갑"은 "을"의 원활한 업무추진을 위하여 관련된 자료를 제공하며, "을"은 신의성실로 제2조의 용역 업무에 임하여 "갑"에게 최선의 임차 조건을 달성하도록 노력한다. "을"이 위 용역 업무와 관련하여 임차 업무 위임장의 교부 또는 기타 "갑"과 계약 관계에 있음을 증명하기 위한 서류 발급의 요청이 있을 시 "갑"은 용역 업무상 필요하다고 인정하는 경우에 한하여 이를 교부하며, "을"은 교부된 문서를 용역 업무에만 사용하여야 한다.

제9조 손해 배상

1. "을"의 부주의, 고의적 과실, 또는 계약 위반으로 인해 발생한 모든 고소, 청구, 비용, 손해, 법정소환, 경비, 판결, 책임, 담보권 등의 경우 "을"은 "갑"이 책임을 지지 않도록 보장하고 "갑"이 입은 손실을 보상하여야 한다. 단, "을"의 총 책임은 청구권이 발생한 대상 업무의 거래와 관련하여 "을"이 기지급받았거나 혹은 받게 될 용역비 금액의 총액을 초과할 수 없다.
2. "갑"의 부주의, 고의적 과실, 또는 계약 위반으로 인해 발생한 모든 고소, 청구, 비용, 손해, 법정소환, 경비, 판결, 책임, 담보권 등의 경우 "갑"은 "을"이 책임을 지지 않도록 보장하고 "을"이 입은 손실을 보상하여야 한다.
   본 용역 계약이 만료된 이후라도 용역 계약 기간에 "을"이 "갑"에게

보고하거나 추진한 대상 물건에 관하여는 "을"이 추진할 권리를 보
장하여야 한다.

제10조 해지

"을"이 본 용역 계약의 의무를 성실히 이행하지 아니한 것을 이유로
"갑"으로부터 이행최고를 받은 때부터 7일 이내에 그 의무를 이행하지,
아니하면 "갑"은 그것을 이유로 서면상의 해지 통고를 할 수 있고 본
용역 계약은 종료된다.

제11조 기타 사항

1. 본 계약서에서 정하지 아니한 사항은 본 계약서 전체 내용을 준용하
   여 해석하며, 기타사항은 일반 상관례 및 민법에 따라 "갑"과 "을"이
   협의하여 결정한다.
2. 본 계약을 증명하기 위하여 본 계약서 2통을 작성하여 "갑"과 "을"
   이 기명, 날인한 후 각각 1통씩 보관하기로 한다.

20 년 월 일

[갑]   [을]

주식회사
대표이사   (인)
담당자 :

부동산 매각자문용역 계약서(샘플)

고객명(이하 "갑"이라 칭한다)과 주식회사 부동산 회사(이하 "을"이라 칭한다)는 "갑"이 소유하고 있는 토지 및 건물을 매각하는 자문용역 계약을 다음과 같이 체결한다.

제1조 : 용역의 내용
"갑"이 "을"에게 도급하는 용역의 내용은 다음과 같다.
- 용역의 종류 : 매각 자문용역
- 부동산 소재지 :
- 부동산의 표시 :
- 매각 가격 :

제2조 : 가격
매각가격의 조정이 필요할 경우 "갑"과 "을"은 상호 협의하에 재조정할 수 있으며, "을"은 재조정된 가격에 의거 용역을 수행한다.

제3조 : 용역의 범위
"을"은 "갑"에게 의뢰받은 용역을 수행하기 위하여 다음의 업무 범위 내에서 필요한 활동을 수행하기로 한다.
1. 매각대상물에 대한 현황 분석 및 마케팅계획의 수립
2. 매각대상물에 대한 광고 및 홍보 활동(플래카드 제작, 홍보자료 작성 등)
3. 매각대상물에 대한 매수자 물색 및 자문 업무
4. 계약 체결을 위한 계약 조건 및 가격 협상 업무
5. 매수자와 구속력 있는 계약 체결을 위한 업무 지원
6. 계약체결 및 사후 처리를 위한 서비스
7. 기타 매각대상물의 매각을 위해 "갑"과 "을"이 별도로 합의하는 행위

제4조 : 제비용 부담

1. 용역 업무 수행을 위한 제반 경비는 "을"이 부담한다.
2. 별도의 비용이 필요할 경우 "갑"과 "을"이 협의하여 소요 비용을 "을"에게 지급한다.

제5조 : 자문용역 계약 기간

"갑"과 "을" 간의 용역 계약 기간은 계약 체결일부터 6개월(20 년 월 일 ~ 20 년 월   일)로 하되 상호 별도의 해지 통보가 없는 한 1개월씩 자동 연장하는 것으로 한다.

제6조 : 자문용역비의 산정

"갑"은 매수자와 매매계약을 체결할 경우 자문용역비는 매매대금의 __%로 한다. (부가가치세 별도)

"갑"과 매수자 간에 양해각서나 매매약정서 또는 매매계약서 등으로 합의된 매매대금이 매수자의 실사 결과 또는 기타 당사자 간 거래 조건의 변경 등으로 인해 인하될 경우(예, 건물의 하자 보수액에 해당하는 금액만큼의 매매대금 감면, 일시불 지급 조건으로 변경에 의한 매매대금 감면 등)에는 당초 합의된 금액을 기준으로 자문용역비를 계산한다.

제7조 : 자문용역비 지급방식

1. "갑"은 제6조 1항의 자문용역비를 매매계약 체결 시 50%, 잔금 입금 시 50%를 지급한다(수수료는 계약 시, 100%, 잔금 시, 100% 협의 선택).
2. "을"이 기준 매각가 이상의 매수자를 주선한 이후 해당 매수자의 귀책 사유 없이 "갑"의 내부사정으로 매각을 지연하거나 철회한 경우에는 갑"은 "을"에게 제6조 1항의 자문용역비를 지급한다.
3. 자문용역비는 현금으로 지급하며 위 모든 비용에 대한 부가세는 별도로 지급한다.

제8조 : 계약 주체의 변경

1. "을"은 본 용역 계약 관련된 권리와 의무를 "갑"의 사전 서면 승인 없이는 제삼자에게 양도할 수 없다.
2. "갑" 또는 제삼자가 대상 물건의 매각을 추진할 경우, "갑"은 "을"의 권리를 유지할 수 있도록 "을"을 보호하여야 한다.
3. "갑"이 제2항의 의무를 이행하지 못할 경우, "갑"은 "을"에게 제6조 1-1항에. 따른 보수를 즉시 지급하기로 한다.

제9조 : 상호 업무 협조

1. "갑"은 "을"의 원활한 업무추진을 위하여 관련된 자료를 제공하며, "을"은 신의성실로 제2조의 용역 업무에 임하여 "갑"에게 최선의 매매조건을 도출토록 노력한다.
2. "을"이 위 용역 업무와 관련하여 매각 업무 위임장의 교부 또는 기타 "갑"과 계약 관계에 있음을 증명하기 위한 서류 발급의 요청이 있을 시 "갑"은 용역 업무상 필요하다고 인정하는 경우에 한하여 이를 교부하며, "을"은 교부된 문서를 용역 업무에만 사용하여야 한다. 본 용역 계약이 만료된 이후라도 용역 계약 기간에 "을"이 "갑"에게 보고하거나 추진한 매수자에 관하여는 "을"이 추진할 권리를 보장하여야 한다.

제10조 : 손해 배상

1. "을"의 부주의, 고의적 과실, 또는 계약 위반으로 인해 발생한 모든 고소, 청구, 비용, 손해, 법정소환, 경비, 판결, 책임, 담보권 등의 경우 "을"은 "갑"이 책임을 지지 않도록 보장하고 "갑"이 입은 손실을 보상하여야 한다. 단, "을"의 총 책임은 청구권이 발생한 대상 업무의 거래와 관련하여 "을"이 기지급받았거나 혹은 받게 될 용역비의 총액을 초과할 수 없다.
2. "갑"의 부주의, 고의적 과실, 또는 계약 위반으로 인해 발생한 모든 고소, 청구, 비용, 손해, 법정소환, 경비, 판결, 책임, 담보권 등의 경

우 "갑"은 "을"이 책임을 지지 않도록 보장하고 "을"이 입은 손실을 보상하여야 한다.

제11조 : 해지

"을"이 본 용역계약의 의무를 성실히 이행하지 아니한 것을 이유로 "갑"으로부터 이행최고를 받은 때부터 7일 이내에 그 의무를 이행하지 아니하면 "갑"은 그것을 이유로 서면상의 해지 통고를 할 수 있고 본 용역 계약은 종료된다.

제12조 : 기타 사항

1. 본 계약서에서 정하지 아니한 사항은 본 계약서 전체 내용을 준용하여 해석하며, 기타사항은 일반 상관례 및 민법에 준하여 "갑"과 "을"이 협의하여 결정한다.
2. 본 계약을 증명하기 위하여 본 계약서 2통을 작성하여 "갑"과 "을"이 기명, 날인한 후 각각 1통씩 보관하기로 한다.

20 년　월　일

[갑]　　(인)　　　　[을] 서울 강남구(　동　빌딩　층)
　　　　　　　　　　　주식회사 부동산 회사
　　　　　　　　　　　대표이사 :　　　　　(인)
　　　　　　　　　　　담당자 :

부동산 매수자문용역 계약서(샘플)

고객명(이하 "갑"이라 칭한다)과 주식회사 부동산 회사(이하 "을"이라 칭한다)
는 매수에 대한 자문용역계약을 다음과 같이 체결한다.

제1조 : 용역의 내용

"갑"이 "을"에게 도급하는 용역의 내용은 다음과 같다.
- 용역의 종류 : 매수 자문용역
- 부동산 소재지 :
- 부동산 대상 :
- 예산 :

제2조 : 용역의 범위

"을"은 "갑"에게 의뢰받은 용역을 수행하기 위하여 다음의 업무 범위
내에서 필요한 활동을 수행하기로 한다.
1. 매수대상물에 대한 조사(물건 세부현황, 임대차현황, 설비현황,
   관리현황 파악 등)
2. 대상지역의 조사(지역분석, 환경분석, 가격분석, 상권분석 등)
3. 권리분석(소유권 및 소유권 이외의 권리 사항 파악 및 분석)
4. 가격의 조정(적정가격 파악을 위한 분석 및 적정가격의 제안)
5. 매도자와 구속력 있는 계약 체결을 위한 업무 지원
6. 계약체결 및 사후 처리를 위한 서비스
7. 기타 매수대상물의 매수를 위해 "갑"과 "을"이 별도로 합의하는
   행위

제3조 : 제비용 부담

1. 용역 업무 수행을 위한 제반 경비는 "을"이 부담한다.
2. 별도의 비용이 필요할 경우 "갑"과 "을"이 협의하여 소요 비용을
   "을"에게 지급한다.

제4조 : 자문용역 계약 기간

"갑"과 "을" 간의 용역 계약 기간은 계약 체결일로부터 6개월(년
월 일 ~   년 월 일)로 하되 상호 별도의 해지 통보가 없는 한
1개월씩 자동 연장하는 것으로 한다.

제5조 : 자문용역비의 산정

"갑"은 매도자와 매매계약을 체결할 경우 자문용역비는 매매대금의
___%로 한다. (부가가치세 별도)

제6조 : 자문용역비 지급방식

1. "갑"은 제5조의 자문용역비를 매매계약 체결 시 50%, 잔금 입금 시
   50%를 지급한다.

자문용역비는 현금으로 지급하며 위 모든 비용에 대한 부가세는 별도
로 지급한다.

제7조 : 계약 주체의 변경

1. "을"은 본 용역 계약 관련된 권리와 의무를 "갑"의 사전 서면승인 없
   이는 제삼자에게 양도할 수 없다
2. "갑" 또는 제삼자가 대상 물건의 매각을 추진할 경우, "갑"은 "을"의
   권리를 유지할 수 있도록 "을"을 보호하여야 한다.
3. "갑"이 제2항의 의무를 이행하지 못할 경우, "갑"은 "을"에게 제5조
   에 따른 보수를 즉시 지급하기로 한다.

제8조 : 상호 업무 협조

"갑"은 "을"의 원활한 업무추진을 위하여 관련된 자료를 제공하며,
"을"은 신의성실로 제2조의 용역 업무에 임하여 "갑"에게 최선의 매매
조건을 달성하도록 노력한다. "을"이 위 용역 업무와 관련하여 매수 업
무 위임장의 교부 또는 기타 "갑"과 계약 관계에 있음을 증명하기 위한

서류 발급의 요청이 있을 시 "갑"은 용역 업무상 필요하다고 인정하는 경우에 한하여 이를 교부하며, "을"은 교부된 문서를 용역 업무에만 사용하여야 한다.

제9조 : 손해 배상

1. "을"의 부주의, 고의적 과실 또는 계약 위반으로 인해 발생한 모든 고소, 청구, 비용, 손해, 법정소환, 경비, 판결, 책임, 담보권 등의 경우 "을"은 "갑"이 책임을 지지 않도록 보장하고 "갑"이 입은 손실을 보상하여야 한다. 단, "을"의 총 책임은 청구권이 발생한 대상 업무의 거래와 관련하여 "을"이 기지급 받았거나 혹은 받게 될 용역비의 총액을 초과할 수 없다.

2. "갑"의 부주의, 고의적 과실, 또는 계약 위반으로 인해 발생한 모든 고소, 청구, 비용, 손해, 법정소환, 경비, 판결, 책임, 담보권 등의 경우 "갑"은 "을"이 책임을 지지 않도록 보장하고 "을"이 입은 손실을 보상하여야 한다.

3. 본 용역 계약이 만료된 이후라도 용역 계약 기간에 "을"이 "갑"에게 보고하거나 추진한 매수대상의 경우에 관하여는 "을"이 추진할 권리를 보장하여야 한다.

제10조 : 해지

"을"이 본 용역 계약의 의무를 성실히 이행하지 아니한 것을 이유로 "갑"으로부터 이행최고를 받은 때부터 7일 이내에 그 의무를 이행하지 아니하면 "갑"은 그것을 이유로 서면상의 해지 통고를 할 수 있고 본 용역 계약은 종료된다.

제11조 : 기타 사항

본 계약서에서 정하지 아니한 사항은 본 계약서 전체 내용을 준용하여 해석하며, 기타 사항은 일반 상관례 및 민법에 준하여 "갑"과 "을"이 협의하여 결정한다.

본 계약을 증명하기 위하여 본 계약서 2통을 작성하여 "갑"과 "을"이 기명, 날인한 후 각각 1통씩 보관하기로 한다.

                                              20 년 월 일
[갑]   [을]

                        주식회사
                        대표이사   (인)
                        담당자 :

임대 대행 컨설팅 제안서 작성
_ 수주 대상 선정하기(실제 4~5개 선정)

여러분의 파밍 과정에서 '임대 대행'을 할 만한 건물을 찾는 일은 어렵지 않을 것이다. 눈에 바로 보일 것이다. 신축이나 리모델링 중인 빌딩, 위치와 부지 컨디션이 최상인데 비해 노후도가 심각한 건물 등 영업하면서 길에서 만나는 '부동산'은 잠재적 수주 대상이다. 매일 영업이 쌓이다 보면 일반 공실 임대차 건이나 매매 물건 외에 수면으로 드러나 있지는 않지만 '부동산 공인중개사 입장'에서는 일거리로 만들 수 있는 '수주 대상'이 눈에 보여야 한다. '부동산적 촉'을 세우고 길을 다니다 보면 자연스럽게 보일 수밖에 없다. 이런 이슈를 모아 소유자를 만나보라! 여러분이 생각하는 해당 부동산의 가치를 올리는 아이디어를 부동산 소유자에 제안할 수 있어야 한다.

나 역시 어린 시절 동네 공인중개사 사무실 사장님 말에 나도 모르게 설득당해 집을 사고 이사한 적이 몇 번 있었다. 결과적으로 '실력 있는 공인중개사' 말을 들어서 손해 날 일은 없다. 더욱이, 한국의 부동산 가격이 떨어진 적이 있었는가? 아무리 어린아이라도 투자 가치가 없는 것들은 말만 들어도 눈치를 챌 것이기 때문이다.

> 공실이 생겨서 채워달라는 의뢰를 받고 임차인을 유치하는 것은 하수
> 향후 나올 것들을 찾아 공실 전에 예비 임차인을 대기시키는 것은 중수
> 아무 생각도 안 하고 있는 건물주의 부동산 이슈, 욕망을
> 불러일으키는 것은 상수

상당수의 공인중개사들이 '하수'의 삶을 살고 있다. 하수에도 들지 못하고 왜 공인중개사를 하는지 알 수 없는, 능력이 없고 노력하지 않으며 불성실한 사람들도 엄청나게 많다. 원래 그런 사람이기 때문이 아니라, 이 업이 그만큼 스스로 영업 루틴과 생활의 성실함을 유지하기가 어렵기 때문이다. 그래서 창업 시 세우는 계획은 일개 공인중개사의 계획이 아니라 중장기적으로 회사의 형태를 갖출 수 있는 창업이기를 권한다.

> 회사처럼! 중개법인을 운영해야 '성공'에 다가설 수 있다.
> 회사처럼이라는 것은
> 사업 계획, 목표 수립 + 액션 플랜 + 조직 관리 + 영업 관리(코칭)
> 이 4가지가 이루어지는 조직이라는 것이다. 비록 처음은 1인, 2인 기업으로
> 시작하는 중개 법인이라 할지라도 말이다. 목표를 크게 잡으라는 뜻이다.

부동산적인 이슈란 무엇일까?

우리가 파밍을 하면서 길에서 만나는 부동산 중 월 임대 수입이 비정상으로 낮거나 위치 가치 대비 공실률이 높은 건물들이 있다. 가치 상승(Value Add)은 낡은 건물을 신축하거나 리모델링하는 하드웨어적인 성능 개선만을 이야기하는 것은 아니다. 중개를 오래 하다 보면, 사는 사람의 이유와 파는 사람의 이유는 다르지만, 결국 하나다. '수익 창출'이다. 좋은 부동산은 높은 수익률도 보장되지만 향후 매각 차익도 많이 나는 물건인데 두 가지를 모두 만족하는 부동산 매물이 많지는 않고 같은 물건이 한 개도 없는 '1물1가의 법칙'이 적용되는 상품 중 하나가 부동산이다. 이런 이유로 능력 있는 부동산 전문가는 많은 틈새를 만들어낼 수 있다. 이런 이슈를 노후 건물에 일으키고 최적의 컨설팅을 통한 제안이 가능한 것이다. 앞서 언급한 상수의 길이다.

고객이 여러분을 찾아오기 전에 여러분이 먼저 '이슈를 찾아' 제안할 수 있어야 한다. 사실 더 정확히 이야기하자면, 그래야만 한다. (비밀 아닌 비밀이지만, 고객이 여러분을 먼저 찾아올 일은 없다) 광고 보고 연락 올 수 있는 거 아니냐? 이렇게 생각할 수도 있지만, 인바운드는 부록과도 같은 수익 창출이고 영업은 아웃바운드라 믿는 관점의 이야기다. 매주 파밍 중 접하게 된 수주 대상들을 개별적인 이슈를 잘 정리해서 소유자를 만나 제안하고 전속 물건화하는 활동을 매주 4~5건은 진행할 것을 권한다. 전속을 위한 새로운 제안을 매달 20건 정도 유지한다면 매월 신규 전속 물건을 수주할 수 있을 것이다. 이런 제안과 수주의 과정은 시간과 횟수가 거듭될수록 더 많이 할 수 있고 더 빨리할 수 있게 된다.

수주 대상이 속한 지역 내 주요 경쟁 빌딩의 임차인 조사

: 주요 사용 면적, 이전 가능 여부 (제안 대상으로 가능 여부) 분류

앞서 여러 번 언급한 스태킹 플랜이다. 영업지역 내 빌딩들의 층별 임차인을 조사하고 있을 것이다. 여러분의 매물장과 고객 리스트가 풍부해 지고 있다는 이야기다. 그런 과정 중에 전속 빌딩으로 수주할 만한 신축 건물을 만나게 된다면, 해당 건물주는 이런 질문과 의문을 가질 것이다.

어떤 점을 믿고 처음 만난 공인중개사에게 수십억 원에서 수백억 원에 달하는 부동산을 전속으로 임대이든 매매든 해보라고 허락(?)하겠는가?

여러분은 자신의 능력과 실력, 마음을 고객에게 보여줄 수 있는가?

어린 시절 전속 수주를 위해 ○○○사장님(건물주)를 설득하는데, 아무리 설명해도 믿지 않으셔서 마주 보고 있던 앉아 있던 탁자 위로 구둣발을 올린 적이 있었다. 당시 이렇게 물었다. '사장님! 제 양말 색이 무슨 색인가요?' 그리고 양말을 벗어서 뒤집고 다시 물었다. "사장님! 양말 속은 무슨 색인가요?' 양말의 안과 밖이 같은 색이듯 지금 드린 말은 거짓말이 없다고 이야기했다. 좋은 사례라서 이야기하는 것이다. 객기다. 그렇다면 객기가 아닌 어떤 방법으로 처음 본 거나 다름이 없는 건물주에게서 전속을 받아낼 것인가?

바로 다음의 답을 충족시켜주면 된다.

언제까지, 누구를 대상으로, 어떻게!

이 건물을 채울 것인가?

'임대 대행 제안서'의 핵심이다. 아무리 화려한 디자인으로 제안서를 만들어도 이 3가지가 빠져 있으면 의미가 없다. 간혹 회사 소개서만 잔뜩 적은 제안서를 볼 때가 있다. 미국계 무슨 회사의 한국 법인이다, 어디 자회사다 등등 이런 속 빈 화려함보다는 나를 보여줘야 한다. 그게 위에 언급한 3가지 포인트다. 그럼, 이 3가지에 대한 준비를 어떻게 할 수 있는지 이야기해보자! 이 장에서 스태킹 플랜을 이야기하는 이유다.

Stacking Plan(스태킹 플랜 : 건물 수직 MD)
= 주변 경쟁 건물을 사용 중인 층별 임차인의 리스트

왜 스태킹 플랜을 만들어야 되는지는 이해했을 것이다. 어떻게 만들어야 하는지도 앞선 Part 1, 2에서 여러분은 배우고 이미 하고 있을 것이다. 그럼, 어떻게 활용할지를 이야기해보자!

여러분의 맥북(노트북)에는 여러분의 '나만의 지도' 속의 건물들의 사진, 각 지도 속에 표시된 개별 건물(지도 내 건물들을 더욱 효과적으로 관리하기 위해 건물별 이름 옆에 나만의 관리 코드를 만들어 사용하면 더욱 효과적이다(예 : 테헤란 5 지도-2번 빌딩). 건물별로 어떤 임차인이 해당 건물의 몇 층을 얼마만큼의 면적으로 사용하고 있는지 이미 다 파악이 되어 있을 것이다. 만약 개업한 지 몇 년이 지나 한 블록에서 지속 파밍을 한다고 가정해보면, 심지어 렌트롤 수준에 육박하는 각 건물의 주요 임차인의 계약 기간 만료 일자까지 대충 정리가 되었을 것이다. 그 데이터로 타임 스케줄을 짠다.

연면적이 1,000평인 신축 빌딩이 10개월 후에 준공된다고 가정해보자! 입주하기에 적합한 시점에 맞춰 다른 건물에서 임대차 계약이 만료되는 임차인이 여럿 확인될 것이다. 여럿이라고 표현하는 이유는 이미 여러분은 그 동네 주요 건물 임차인을 다 만났다는 가정하에 이야기하는 것이다. 만약, 아니라면 정말 심각한 상황이다.

기 간	STEP 1	STEP 2	STEP 3	STEP 4
	23년 2월	23년 4월	23년 7월	23년 9월
목표 임대율	10%	30%	80%	100%
중점 추진 업무	"마케팅 Boom-Up" 임대 마케팅 가격 책정 및 홍보 시작 ▷ 임대내용를 포함한 출보자료 내 정보수정 ▷ Agent별 담당사 미팅 및 적극적인 홍보 활동을 통해 시장에 마케팅 의지를 각인 책정된 가격이 시장 내에서 인식되기까지 약 2개월 정도 소요될것으로 예상 ▷ 표준마케팅 가격과 최대 할인 범위를 협의하여 탄력적인 마케팅 전략 수립 Target 임차인 List-Up ▷ 인근 경쟁빌딩 우선 임차인 List-Up ▷ 他권역 이전 가능성이 높은 임차인 List-Up ▷ 임차인별 이전 이슈, 가격대 내 세부사항 정리 ▷ 타겟 우선순위 조정을 통해 마케팅 효율성 증대	1순위 임차인 집중 마케팅 / 2~3순위 임차인 집중마케팅 "연초 마케팅 효과 진전 목표" 1순위 임차인 대상 집중마케팅 진행 ▷ 현재 이전을 검토 중이며, 공실 면적 임차 검토가 가능한 임차인 대상 집중 마케팅 ▷ 담당자 미팅을 통한 적극적인 홍보활동 전개 ▷ 경쟁 빌딩 대비 차별화된 제안 검토 ▷ 빌딩 투어 진행 및 조건 협의 2~3순위 임차인 대상 마케팅 시작 ▷ 타권역 이전 가능 임차인 및 만기시점까지 시간이 존재하는 임차인 등 2~3 순위의 임차인 미팅 진행 ▷ 이슈사항 확인하여 본빌딩에 적합한 임차인 분류	"신규 계약을 통해 마케팅 목표 달성" 신규 계약 진행 ▷ LOI 접수 및 조건 협의 ▷ 계약 협의 및 체결 ▷ 계약 후속업무 진행 ▷ 2~3순위 임차인 관계 관리 및 이슈사항 Monitoring ▷ 기존 마케팅 전략 평가 및 잔여공실 마케팅 방안 수립	Drop 및 Pending 임차인 마케팅 "성과 분석 및 '23년 마케팅 전략수립" 마케팅 전략 재고 ▷ Drop 임차인 중 다시 마케팅 가능한 임차인 선별 ▷ 2~3순위 임차인 우선순위 재고하여 1순위 마케팅 진행 ▷ 2023년 계약 만기 임차인 면적을 선제적으로 마케팅 진행하여 재계약 시 협상 우위 확보 ▷ 경쟁빌딩 분석을 통한 2023년 마케팅 방안 검토

기간별 목표 임대률   (출처 : 저자 작성)

언제까지 임차인을 유치해서 건물을 만실시킬지 목표를 건물주에게 보여준다. 이런 일정표는 다분히 행정적인데, 별첨으로 영업 대상 리스트가 필요하다.

규모가 큰 건물의 경우는 전속 임대 대행권을 획득하느냐가 큰 수익을 좌지우지하는 큰 수주인 만큼 경쟁이 매우 치열하다. 이런 경쟁에서는 수주전에 참여하는 부동산 기업이나 공인중개사가 어떤 백그라운드 갖은 회사인지, 어느 기업의 자회사라던지, 전에 어떤 큰 건물을 만실시켰던 트랙 레코드를 가졌는지도 중요하지만 이런 것들을 모두 뒤집고 단숨에 전속권을 획득할 방법도 있다.

꿩 잡는 것이 매라고 했다.

건물에 입주할 강력한 가망 임차인을 보유하고 있다면, 동네 작은 공인중개사 사무실이라고 하더라도 무시할 수 없게 된다. 조직이 없어 큰 회사에 전속권을 주더라도 '임차인(매수자)'을 들고 있는 공인중개사(에이전트, 중개업소, 중개법인…)는 우위를 선점한다. 최근 들어서는 대형 건물을 보유한 회사 자체가 임대 대행사를 선정할 때, RFP 상에 가망 임차인 명단을 제출하라고 요구한다.

심지어는 '임차 의향서'를 제출하라고 한다.

기존에 이전시킨 기업 데이터가 풍부한 부동산 회사가 아니면, 좋은 건물을 수주하기 위해 명함도 못 내미는 세상이다. 그러나 작은 공인중개사라 할지라도 대형, 초대형 건물에 임차인을 진행하고 계약하는 것은 아무 문제가 없다. '회사의 힘'이 아니라 공인중개사(에이전트) 개인 역량으로도 큰 건물 임대차를 할 수 있다는 뜻이다. 수수료도 상당히 높다. 그러나, 엄청난 공부가 뒤따라야 한다. 그 공부의 기초 단계, 구구단과 같은 이야기를 이 책에서 하고 있는 것이다.

이 영업 대상 리스트는 해당 지역의 경쟁 건물 입주사 리스트를 기본으로 하는데 단순히 어떤 회사가 어느 건물에 있다 수준이 아니라 계약 만료 일자가 임박한 임차인들로 여러분이 수주하려는 건물로 충분히 이사 올 가능성이 높은 임차인의 리스트여야 한다. 그런 가능성이 있는 임차인을 전속 수주 이후 만나 이전을 제안하는 것이다. 대부분의 대형 건물의 임대차, 매매 시장에서는 이런 증명을 해야만 전속을 수주할 수 있고 제안도 하라는 허락, 요청(RFP)를 받은 회사가 자격을 얻고 제안을 만들 수 있다. 그런데 이 책을 읽고 있는 대다수 공인중개사가 취급하는 중소형 빌딩의 세계는 내가 열심히 영업하고 제안하면 고객이 제안을 들어줄 확률이 매우 높다. 가능성이 많이 열려 있다는 것이다.

할 수 있는데 경쟁자가 안 하는 영업 활동을 여러분이 하면 된다.

10년 된 지역 공인중개사 사무실을 단숨에 이기는 방법 중 하나다.
다시 한번 강조하고 싶다. 부동산 업은 오래 했다고 잘하는 직업이 아니다.
정석으로 배워서 성실하게 근무하고 적은 수라도 꾸준하게 신규 고객 접촉을 해나가는 공인중개사가 승리하는 게임이다. 그 와중에 부동산을 즐기지 못하면 입에 풀칠은 해도 '돈'을 벌지는 못한다.

임대 대행 제안서의
핵심 분석하기

RFP를 받고 작성한 제안서와 공인중개사가 먼저 제안하는 제안서의 차이를 살펴보자. 앞서 RFP라는 단어가 여러 번 반복되고 있다. 현재 이 줄을 읽고 있는 분에게 묻고 싶다. RFP 뜻을 알고 있는가? 앞서 이 단어가 나오자마자 검색 엔진이나 부동산 책에서 검색해서 의미를 알게 된 사람이 있을 것이고, 그냥 넘어가서 아직 모르는 사람이 있을 것이다. 영업하는 사람 중에서 누구는 돈을 벌고 누구는 돈을 못 번다. 궁금한데 궁금증을 간직하고도 견딜 수 있는 사람은 태생 자체가 돈을 벌 수 없는 사람이다. 비록, 공인중개사 자격증을 따고 창업을 하려고 하지만 이런 분들은 돈을 벌 수가 없다. 취직을 권한다. 부동산 회사 취직 말이다. 자기 사업가나 마찬가지인 에이전트나 공인중개사 창업에 맞지 않는다.

부동산 세일즈를 하는 사람의 기본은 호기심이 엄청 많아야 한다.

"왜?"라는 단어가 온종일 떠올라야 한다.

일단 RFP가 무슨 뜻인지 아예 설명하지 않겠다.

RFP를 수령하고 만드는 제안서와 공인중개사가 스스로 만들어 제안하는 제안서는 형식도 조금은 다르고 건물 소유 구조도 다른 경우가 많다. 개인이 소유하거나 개인의 권한이 매우 강한 부동산의 경우에는 소유자에게 여러분이 만든 제안서 내용이나 여러분 자체가 마음에 들면 전속으로 수주하는 것이 가능하다. 결정권이 단순하기 때문이다. 그러나 기업이 소유했거나 투자자가 따로 있어서 줄줄이 관리 감독과 보고 체계가 있는 보통의 대형 건물들은 임대 대행사 선정조차도 경쟁 방식을 취해야 한다. 이런 경우, 수의 계약은 매우 드문 일인데 통임대로 사용할 임차인의 대리인이라면 가능할 수도 있겠지만 드문 일이다.

경쟁을 통해 최고의 부동산 회사의 임대팀을 임대 대행사로 선정하는 절차는 거의 일반화되어 있다. 그 첫 번째는 무수히 많은 부동산 회사 중에서 RFP를 받을 수 있는 정도의 부동산 회사여야 한다. 그렇다면 대형 부동산 회사가 아니면, 대형 빌딩 전속권을 받을 수 없는 것일까(답은 아니다. 가능하다. 어려울 뿐이다. 누군가는 해내고 있다)?

여러분들이 주로 많이 거래하게 되는 중소빌딩의 수주와 관련해서 중점적으로 큰 건물 수주 사례와 비교해가면서 이야기를 이어나가보겠다. RFP를 수령하고 내용을 읽어보면 대부분 비슷한 형식이다.

○○빌딩의 면적, 소유 구조, 준공일(준공 예상 시점), 금액 조건(희망가) 또는

적정 임대가를 부동산 회사가 산정해서 제안하도록 요구, 회사 소개서 (유사 실적 위주)와 해당 업무를 담당할 전문가들의 명단과 프로필(이력서, 경력 증명서 등), 마케팅 방법, 마케팅 목표 일정표, 수수료 제안, 추가 제안 등이다. 공실 면적이 크고, 준공 시점 부동산 임대차 시장이 안 좋을 것으로 예상한다면 가격 할인 적용 폭에 관한 연구도 필요하고 앞서 언급한 '누구를 대상'으로 임대를 제안할 것인지 가망 임차인 명단을 제출하라고 요구한다. 작성 형태도 마음대로 만드는 것이 아니고 제안서의 목차, 전체 페이지, 글자 크기 등 형식도 대부분 지정해준다.

제출한 제안서가 통과되면 통과된 회사들은 다시 프리젠테이션을 진행한다.

지금까지 얼마나 많은 프리젠테이션을 직접 했는지 모른다. 코로나 시기에는 화상 PT도 정말 많이 한 기억이다.

큰 부동산 회사들에도 만만한 요구 사항이 아니다. 1만 평 정도의 신축 빌딩의 임대 대행 제안서를 만드는 것도 쉬운 일이 아니다. 여러 명이 몇 주간 노력하고 프리젠테이션이나 질의응답에 대한 연습을 반복해서 한다. 개인이 하기에 만만한 일은 아니다. 물론, 하는 사람이 있다는 것은 말하고 넘어가겠다.

반면에 중소빌딩의 임대 대행 제안서는 어떻게 작성되기 시작할까?

제안서 목차 구성 분석

앞서 언급한 대형 건물들은 소유사가 임대 대행사나 매매 대행사를 선정하기 위해 제안서를 요청하는 RFP를 보낼 때, 제안서의 목차, 형식, 콘텐츠를 정해준다. 소유사도 심사를 공정하게 해야 하기 때문에 경쟁 입찰에 참여하는 임대 대행사들이 동일한 목차로 만들어 오게 요구하고 그 목차에 따라 채점을 하는 것이다.

그에 반해, 여러분들이 창업, 취업 후에 진행할 빌딩들은 대부분 중소형 빌딩일 것이다. 큰 건물들에 제안을 많이 해본 사람들도 중소형 빌딩의 제안서를 처음 만들다 보면 당황하게 된다. 제안서의 목차 구성, 디자인, 화려한 회사 소개와 개인 프로필 등을 깔끔하고 눈에 확 들어오게 만든다. 페이지도 50~70페이지에 이르도록 시장 분석, 가격 적정성 판단 등 내용도 알차게 꾸민다. 재미있는 것은 그렇다고 '전속 수주'가 되는 것은 아니다. 대형 건물의 수주와 중소 빌딩의 수주 측면에서 차이는 생각보다 크다.

왜? 차이는 어디서 오는 것일까?
답은 소유 구조에서 오는 것이 가장 크다는 것이다.

여러분의 제안서를 받아보고, 읽어보고, 브리핑을 들을 소유자는 법인인가? 개인인가? 법인이라 할지라도 브리핑(프레젠테이션)을 받는 사람이 '오너'인가? 아니면, 월급쟁이 임원이나 담당자인가? 이런 내용을 파악하고 거기에 덧붙여 그 사람의 성격까지 파악해야 한다. 군더더기 없는 간결함을 추구하는 사람인지 충분한 설명이 있어야 하는 사람인지, 즉시 결정이 가능한 결정권을 가지고 있는지…. 고려 대상이 많다는 이야기다. 개인의 경우도 마찬가지다. 그러나 개인의 경우는 법인과 비교할 때, 대부분 '오너'가 여러분의 브리핑을 듣고 만족도에 따라 바로 전속권을 주는 '강한 결정권'을 가지고 있다는 특징이다. 이 특징에 더해서 소유자가 바로 전속을 줄 수 있도록 원하는 답을 줘야 한다.

보통의 개인 건물주들이 원하는 것은 당연히 하나다. '임차인 유치 계획'과 '가망 임차인 보유 숫자'다. 이 두 가지에 포커스를 맞춰 제안서를 작성한다.

보통 대형 건물의 임대 대행 제안서의 1장에 배치되는 회사 소개서를 맨 앞에 두지 않는다. 내 경우에는 개인 고객을 상대로 제안서를 만들 때는 마케팅 플랜, 일정표, 가망 고객 명단, 수수료를 중심으로 작성하고 시장조사, 물건 분석, 회사 소개서는 맨 뒤에 나열하고 심지어는 설명조차 하지 않고 브리핑 후에 읽어보시라고 말한다. 재산이 수백억인 개인 자산가 입장에서 여러분의 회사가 크든 작든 생각보다 관심이 없다. 따라서, 회사 소개서를 앞에 배치하고 설명하다가 정작 필요한 것들을 제대로 설명하지 못하고 브리핑 시간을 날리지 말라는 뜻이다.

직업이 없다 하더라도 자산가들은 매우 바쁘고, 이런 제안의 시간을 10분 이상 여러분을 위해 참아주지 않을 것이다. 브리핑 초기 2~3분 안에 휘어잡아야 한다.

두괄식 제안서를 만들라는 뜻이다.

치밀한 기획과 제안을 하지 않는다면 제대로 된 마케팅 플랜은 이야기도 못 해보고 커트 당할 것이다. 보통의 경우 큰 건물은 제안서를 심사를 위해 먼저 제출하는 경우가 많고 서류 심사를 먼저 통과하지 못하면 기회를 잃기 때문에 작성하는 제안서의 완성도를 위해 최선을 다해야 하지만 중소형 빌딩의 경우는 너무 자세한 제안서를 미리 제출해버리면 안 된다. 잘못하면 여러분을 배제한 상태로 건물주가 직접 마케팅을 진행할 수 있도록 무료로 도와주는 것밖에 되지 않는다. 기억하자! 개인 건물주, 자산가를 대상으로 제안하는 경우는 두괄식 작성, 중요한 부분을 위주로 말로 설명, 자료는 프리젠테이션 이후에 전속 수주의 가능성이 보이면 전달하고 처음부터 프린트된 제안서를 건물주에게 주지 않는다. 이유는 내가 설명하는 순서를 개인들은 따라오지 않는다. 임의로 읽어보고 융단 폭격 같은 질문을 수시로 여러분의 말을 잘라가면서 할 것이다. 물론, 나의 경우는 그런 무례가 반복되면 그 프리젠테이션을 중단하기도 한다. 전속을 수주하더라도 계속 무례할 예정이기 때문이다.

그렇다면 제안서를 만드는 방법에 대한 이야기를 해보자!

건물별 임대 대행 제안 수주의 키포인트 도출하기

언제까지! 누구를 대상으로! 어떻게! 건물을 채우거나 팔 것인가?

어떤 유형이 가장 사용되고 있는가? 전속 수주를 위한 일반적인 개요는 다음과 같다.

Who
누가 제안하는가?   LM(임대 대행으로 여러분의 역할)

When
언제 제안하는가?   파밍 중 선정된 수주 대상에 지속적

Where
어느 지역에 제안하는가?   파밍지 중심

What
어떤 대상에 제안하는가?   신축 건물 또는 대형 공실 + 기타

How
어떻게 제안하는가?   우리의 스토리(목차 : 제안의 흐름)

Why
제안의 목적   안정적인 수주원 확보

전속 수주 제안서 개요   (출처 : 저자 작성)

여기서 우리의 스토리로 제안한다는 것은 어떤 의미인가? 내 경우처럼 제안을 무슨 밥 먹듯이 하게 되면 '제안서'도 규격이 갖춰지고 제안서를 만드는 시간도 매우 짧아지게 된다. 붕어빵처럼 찍어낼 수 있게 된다. 당연히 제안할 수 있는 '건수'가 늘어나다 보니 수주 확률도 늘어난다. 이런 시점에 주의할 일들이 생긴다. 모든 건물이 해당 건물이 갖은 장단점이 확실

하다. 왜? 그렇게 지어졌는지, 왜? 그렇게 신축하려는 지 이유가 제각각
이다. '맞춤 양품'처럼 그 건물에 딱! 맞는 마케팅 플랜을 세워서 제안해야
한다. 그저 그런 통임대 제안이나 실체가 하나도 없는 이상한 미사여구
같은 것은 개인 고액 자산가들의 매의 눈을 속일 수가 없다. 실체가 확실
해야 한다.

어떻게 가능하겠는가? 그것은 해당 건물은 여러분의 파밍 지역 내에 있
는 건물이고 여러분은 이미 그 건물이 속한 지역의 시세, 공실, 주요 건물
의 주요 임차인, 주요 임차인들의 대략적인 임대차 계약 만기일을 다 알고
있다. 알고 있다? 그래야만 한다. 그런 전제하에 제안서에서 가장 중요한
'언제까지, 누구를 대상으로, 어떻게 마케팅을 할 것인가!' 이 중요한 키워
드를 충족하는 것이다.

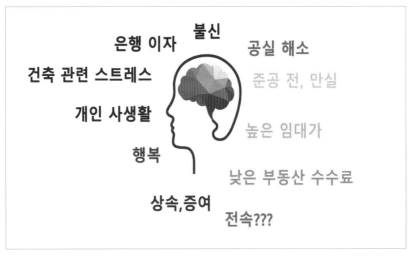

건물주의 머릿속   (출처 : 저자 작성)

무슨 이야기로 풀어나가야 할까?

제안서도 스토리텔링(Story Telling)이 있어야 한다.

필수적으로 담아야 할 내용은 들어 있는가?

내가 하고 싶은 이야기만 하고 있지 않은가?

다른 회사의 제안서를 분석해봤는가?

경쟁사와 시장 분석은 정확하게 되어 있는가?

개인 소유자와 기업(운용사, 사옥 등 법인)의 제안 수령 방식의 차이는 있는가?

고객이 입장에서 작성된 제안서의 샘플들을 보면서 이야기해보자!

Table of Contents
(대형 건물 제안서 목차 / 샘플)

1만 평 규모의 서울 신축 오피스 임대대행 수주를 위한 제안서 목차   (출처 : 저자 작성)

3단계 추진전략 수립 마케팅 활동 추진

추진전략 1단계

- 대형오피스 수요 예상업체 발굴
- 대기업군 사옥 희망업체
- 적극적 투자사 대상(매각)

2단계 전략

- 법무.회계법인등 지식서비스 업체
- 보험 및 적극적 금융 투자자
- 강남대로 및 테헤란로 중심 대형 오피스빌딩 대상 공략

3단계 전략

- 강남,서초지역 상장기업 및 예상업체 전수(약300여개)조사 및 임대대상 업체 82개 발굴
- 5대기업을 대상으로 한 매각대상 중점 추가 공략

- 2○○○ : 까지 임대 및 매각대상자 전체 LOI 취합 후 우선순위를 정한 방향성 결정 필요
- 급격한 경제변동 가능성에 대비한 임대 및 매각의 동시진행 방법 병행 요구됨
- 효율적인 임대마케팅을 위한 우호적 네트웍의 정보활용 대응 및 현장의 외벽광고 검토
- 3단계 마케팅 취합 후 추가 마케팅 필요시 대안목표 대응
→ 순이익 상위기업 2,000여개 업체 대상 추가 마케팅 자료 확보 및 진행 대기

단계별 임대 전략 (출처 : 저자 작성)

잠재 임차인 기발굴 확보

🔴 잠재임차인(협의중)

업체명	업종	요구면적 (임대/평)	입주시기(예상)	이전형태	소재지	사유	매입의사 (매가:18백만원/평)
삼성테크원	방산업체	5,○○○	'12. 2	통합	신규	흡수합병+본사이전	-
SK텔레시스	통신	1,2○○	'12. 3	증평 이전	도심	면적부족으로 이전	-
휴비스	제조	1,600	'12.○	기간만료	강남	임차기간 만료에 따른 이전검토	-
GE	제조	5,000	'12. 4	○○+통합	강남	통합이전 검토	-
코오롱아이넷	IT	2,400	'12. 4	○○	구로	양재권 검토	-
페르가 비즈인비즈	서비스	600	검토중	신규지점	○○	신규지점 개설	-
PCA코리아	보험	2,500	'12.하반기	지사통합	○남	'11.12월 재검토 계획	-
Korea e-platform	코오롱MRO	1,000	'12.중반	이전임차	강남	*검토중	-
농협정보시스템	IT,솔루션제공	1,000	'12.중반	이전임차	강남	*검토중	-
SPC그룹	제빵, 식품전문업	2,500 ~4,000	'12.중반	계열사간 통합 이전	강남	'12년 이전 검토 계획	-
삼성생명	생명보험	전체면적	'12년	수익용 매입	도심	*검토중	-
교보생명	생명보험	"	'12년	사옥용도매입	강남	*검토중	-
인터파크	온라인판매	5,000	-	사옥용도 매입	강남	'12년 재검토 계획	-
마이다스	리츠	전체면적	임대후 매입	수익용 매입	신규	*12년초 검토 계획	○(우선권 요청)

주요 보유 중인 이전 이슈 기업 명단 (출처 : 저자 작성)

이전이 가능한 기업의 명단을 제출할 수 있는 것은 해당 부동산 회사나 공인중개사가 오랜 기간 축적한 과거 이전 데이터를 계약 일정에 맞춰 잘 관리했기 때문에 가능한 것이지만 인위적인 노력으로 그 축적된 데이터를 짧은 시간에 만들 수도 있다고 생각한다. 100% 모든 데이터를 완벽하게 만들어야 한다고 생각하는 사람들도 있다. 그건 최종 목표일 수도 있고 어쩌면 이상향일 수도 있다. 여러분처럼 처음 창업이나 취업을 생각하고 있는 공인중개사(에이전트, 컨설턴트)라면 본인의 파밍 지역을 완벽히 만들고 옆 블록으로 넘어가고 옆 동네로 넘어가면서 업의 영역을 넓혀 나갈 수 있을 것이다.

욕심을 갖는 것과 무리하는 것은 다르다. 무리하는 사람 치고 제대로 돈 버는 사람을 못 봤다. 세일즈 코치로서 과거에 신입 에이전트(공인중개사)들에게 과제를 내주고 1~2주 후 점검을 하면 제대로 하지 못해 놓은 사람 중 제정신을 차리겠다고 평소에 해야 할 고객 접촉량의 3~4배의 고객을 만나고 과로했다고 며칠을 회사에 못 나오는 일을 반복하는 경우를 너무나 자주 봤다.

리얼터가 아니라 마케터
_ 성공적인 임대 마케팅을 위한 요건

사전임대 마케팅 준비
_ 신축 빌딩 전속 수주 성공과 실패 사례 이유

업무를 하면서 만나는 개업 공인중개사, 소속 공인중개사, 에이전트, 컨설턴트, 자산관리회사의 샐러리맨인 부동산 전문가들로부터 공통으로 가끔 받는 질문이 있다. 전속을 받고 싶은데 고객들이 전속을 잘 안 준다는 것이다. 재미있는 사실은 '잘 몰라서' 물어보는 경우가 정말 많다는 것이다.

어떻게 설명하면 고객이 쉽게 이해할 수 있게 만들 것인가?
무작정 열정만으로 고객을 자주 찾아가 전속을 달라고 이야기하면
수주가 될까?

이 두 가지 측면에서 전속으로 고객 의뢰를 받던지, 못 받던지가 나눠진다. 파밍을 하면서 건물주를 만나는 일은 많고 전속으로 의뢰를 접수하려고 마음만 먹으면 생각보다 전속을 주는 고객도 많다. 그런데 중요한 것

은 여러분의 매출에 얼마나 도움이 되는 건물인가 하는 것이다. 내가 이 책에서 계속 전속을 이야기하고 있지만, 무조건 고객이 의뢰하는 모든 것을 전속으로 받으라는 의미는 아니다. 충분히 시간과 노력을 투입할 가치가 있는 상품성도 높은 부동산 소유자에게 전속을 제안한다고 생각해보자. 그렇다면 전속으로 수주하기 위해 '수주원'으로 관리되고 있는 부동산의 소유자에게 어떻게 여러분의 실력을 보여줄 것인가?

고객을 설득하기 위한 '공격 무기'가 필요하다. 어떻게 보면, 건물주의 마음을 꺾어야 한다. 우선, 건물주의 마음을 이해해야 한다. 수십억에서 수백억의 자산가의 마음이 생각보다는 여유가 있지 않다. 건물에 공실이 하나도 없는 만실 상태를 예상해 '사업 계획'이 세워져 있는 경우가 대부분이기 때문이다. 건물에 노후도가 심해서 점점 임차인이 이탈하고 있는데, 인지를 못 하다가 깜짝 놀란 건물주, 공사비 대출을 많이 받은 상태에서 건물을 짓고 있는 건물주, 대형 임차인으로부터 계약 기간 만료 통보를 받은 건물주 등등 돈을 떠나서 마음이 조급해진 상태로 여러분을 만나게 되는 경우다. 이런 경우, 빠른 결과를 기대하기 때문에 공인중개사(에이전트)의 실력, 경력, 회사 등도 중요하지만 가장 중요한 것은 얼마나 좋은 임차인을 이미 가지고 있는가라고 생각한다. 공인중개사 입장에서, 특히 여러분과 같은 창업, 취업을 준비하거나 업력이 짧은 공인중개사는 어떻게 대처해야 할까?

그래서 여러분에게 나는 이런 준비를 빠르게 하기 위한 준비를 이 책의 처음부터 지금까지 하고 있는 것이다. 여러분이 파밍 과정에서 만난 지역 임차인, 그 임차인 사용하는 면적과 대략의 임대차 만료 시기를 기록한 '여러분의 데이터'를 가지고 건물주에게 전속 용역 계약을 요청하라는 것이다. 제법 큰 규모의 부동산 회사들도 대로변 대형 빌딩의 데이터와 임차인 자료(렌트롤에 준하는 수준)는 가지고 있지만 이면 중소형 빌딩의 자료는 구축되어 있지 못한 경우가 많기 때문에 여러분의 기회는 여전히 남아있는 것이다. 만약, 위치가 좋은 지역의 대로변 중소형 빌딩이나 이면 중소, 중대형 빌딩을 수주했을 때, 대로변 빌딩의 임차인을 대상으로 타깃 마케팅도 진행할 수 있을 것이다. 대로변 1만 평 기준의 대형 빌딩 1개 층을 사용하는 임차인이라면 이면 중소빌딩의 전체나 절반에 가까운 비율을 사용할 가망 임차인이다.

지금! 여러분이 한 달 반 이상 지속 중인

'나만이 지도' 속의 파밍 기록을 열어보자!

체크 포인트

- '나만의 지도' 속 영업 대상 빌딩의 숫자는 몇 개인가?
  몇 군데 빌딩을 방문했고, 몇 개의 회사(임차인)에 이전·확장을 물었나?
  (관리가 용이하게 지도 안의 건물별로 코드나 번호를 지정해 관리한다)
- (예를 들어, 지도 내 건물이 300개인 경우) 여러분이 300군데 건물을 모두 방문하고 미팅하는 목표 일자는 며칠인가?
  (지금의 진도율은 어떠한가?)

- 지도상의 신축 빌딩은 몇 개인가?
- 지도상의 매매 대상 물건은 몇 개인가?
  (네이버 부동산, 기타 다양한 애플리케이션 등 일반적인 지역 매물 홍보를 확인하더라도 지역 내 나와 있는 매물들을 확인할 수 있다)
- 평균적으로 하루에 몇 명을 만나고 있는가?
  (창업과 취업을 계획하고 있는 여러분의 준비 기간은 무한정이면 안 된다)

이 체크 포인트에서 진도율이 현격히 부족하다면, 시간을 추가로 늘리기보다 업무량을 늘리기를 권한다. 목표 일정을 맞추라는 이야기다.

앞서 언급한 '전속을 받을 만한 부동산'에 대해서 추가로 이야기해보자. '돈'이 될 만한 건물, 고객을 전속으로 받아야 한다. 스스로 찾아오셔서 여러분에게 의뢰하는 고객일지라 하더라도 여러분의 시간 투여 대비 수익이 맞지 않는 일은 맡으면 안 된다. 여러분은 프로다. 이 책 처음 사업 계획을 세울 때, 파밍 지역에서 주로 계약하게 되는 물건의 평균 수수료를 감안한 여러분의 단가를 계산해봤을 것이다. 1년에 1억 2,000만 원은 벌겠다고 마음먹었다면, 매월 1,000만 원의 매출을 내야 한다. 산수 같은 계산을 해보겠다. 창업할 지역이 주로 중소형 빌딩 임대차가 발생해 평균 수수료가 500만 원 수준이라면 매달 2건 이상이 계약해야 한다는 계산이 나온다.

매달 2건 이상의 500만 원짜리 계약, 때로는 한 건의 계약이 수천만 원에 달해서 추가 수익이 발생할 수도 있을 것이다. 그런 것들은 모두 보너스라고 생각해야 한다. 안타가 빗맞아 홈런이 된 거로 생각하자! 목표는 매월 2건이다. 역산해서 2건의 계약이 나오려면, 적어도 진행하는 고객 숫자가 20여 개에 육박해야 한다. 초보 공인중개사의 경우는 성사율이 떨어지는 20건 정도를 빨리 만들어야 한다. A, B 고객 상담 차트에 20명 이상의 진행이 유지되어야 한다는 뜻이다. 20명 중에 계약을 위해 수면으로 올라오면 클로징으로 몰입하고 그사이 신규 고객 접촉 활동으로 19명이 된 고객 상담 차트 파일에 1명이 추가되는 것이 반복, 유지되어야 한다. 쉽게 이야기하면, 하루에 1명 정도 '거래 가능한 고객'을 찾도록 노력해보라는 것이다.

파밍 지역의 공실 확인, 그 공실이 있는 건물의 소유자, 관리 소장과의 접촉, 그 건물의 주요 임차인 접촉, 인근 신축 빌딩의 공사 현장 소장이나 건물주와의 접촉 등 사무실 밖으로 나가면 만날 사람이 천지다. 이런 만남을 기록하라! 하루에 10명 접촉이 25일 유지된다면, 250명을 아웃바운드해서 만나는 것이다. 그렇게 2개월, 3개월이 유지되면 무섭게도 1,000여 명에 육박하는 신규 접촉 결과가 나올 것이다. 1,000명의 1%만 잡아도 10명이다. 3개월 정도에 10명 이상의 진성 고객을 찾을 수 있을 것이다. 이런 와중에 '운'이 좋아서 1,000명 중에 대형 임차인, 매매 고객, 신축 빌딩, 다른 지역 매매 등 무수히 많은 일과 우량 고객 접촉이 보너스처럼 찾아올 것이다.

이런 '운'은 존재한다.
단, 그냥은 안 온다.

앞서 말한 활동을 하는 사람에게만 운이 찾아온다. 재미있는 사실은 영업적 측면에서 이런 운은 다른 단어로 표현해도 큰 이상이 없는데, 그건 '통계'다. 숫자로 표현할 수 없는 운과 같은 단어를 수학적인 표현으로 통계라고 표현할 수 있는 이유는 여러분이 통계를 넘어서는 활동을 했다는 의미다. 아무리 나쁜 상품도 1만 평에 홍보하면 팔린다고 했다. 심지어 여러분이 판매하는 상품은 '부동산'이다. 그것도 상품성이 있다고 판단해 여러분이 만나고 전속 받은 물건이란 말이다.

1. 사전 임대 마케팅의 개념

넓은 의미에서 생각해보면, 여러분이 들고 다니는 '나만의 지도' 안에 있는 지역의 파밍이 잘 되고 있고 잘 기록되고 있다면, 사전 임대 마케팅은 이미 다 준비된 것이나 마찬가지다. 사전 임대 마케팅이라는 표현이 쓰인다는 것은 신축, 리모델링 현장이거나 대형 면적 임차인의 이탈이 예상되는 건물일 가능성이 높은데 그 건물 자체가 여러분의 '나만의 지도'안에 들어 있지 않은가?

그리고 여러분은 그 지도 안 건물 사정을 누구보다 잘 파악하고 있다. 이미 이사 가능성이 있는 임차인을 알거나 누구를 먼저 찾아가서 제안해볼지 머릿속에 떠오르고 있다는 의미다. 과거에 내가 일을 처음 배울 때, 채워야 할 건물을 맡게 되면 내 팀장은 이렇게 물어보고는 했다.

'창희야! 지금 머릿속에 어떤 게 떠올라?'

대답을 바로 못 하면, 그건 평소 영업이 잘 안 되는 있는 것이라 했다.

맞다.

영업 활동 중에 임대인(매도자), 임차인(매수자) 등 고객을 만났을 때, 그들의 이슈는 항상 다른 반쪽이 있어야 한다. 부동산 거래는 매도자와 매수자, 이 두 사이드의 청약과 승낙으로 이루지는 '계약'을 통해서 완성되기 때문이다. 예를 들어, 영업지역 내 어떤 건물주가 건물을 판다고 했을 때, 바로 머릿속에 무언가가 떠올라야 한다.

'아! 며칠 전 만난 사옥 산다는 회사!'

'증여 목적으로 건물을 추가로 사겠다는 김 회장님!'

평소 파밍 중에 만났던, 살 수도 있을 것 같은 가망 고객이 떠올라야 한다는 말이다.

2. 지역 내 빌딩별 렌트롤(Rent Roll)을 만들어나가는 과정

렌트롤이란 건물을 자산관리하기 위해 층별 임차인의 계약 조건, 특약 사항, 만료 일자 등 임대차 계약의 전반적인 내용을 정리해 관리하는 도표를 말한다. 더 쉽게 표현하자면, 모든 건물 임대차 계약서를 정리해놓은 표라고 생각하면 된다. 자산관리자와 건물주는 이 렌트롤을 활용해 계약 만료 시점 전에 임차인의 재계약 여부에 대한 판단, 임대료 상향 하향 등

조정에 대한 준비, 공실 예상되는 층에 대한 대책 강구 등을 하게 된다(보통 은 엑셀로 렌트롤을 만들어 관리한다. 한 번 만들어진 렌트롤은 건물이 존속하는 동안 히스 토리 관리 차원에서 계속 업데이트하는 것이 좋다).

여러분이 파밍 과정에서 만난 모든 건물의 임차인 정보, 계약 조건 등을 건물주가 아닌 상황에서 파악한다는 것은 쉬운 일이 아니다. 그러나 파밍 과정에서 해당 지역의 임차인 중에서 주요 건물의 우량 임차인들의 경우 는 지속해서 B급 고객으로 관리하게 되기 때문에 그 과정에서 접촉할 때 자연스럽게 물어보고 파악해야 한다. 계약 만기일(월)이나 현재 임대료 수 준 정도만 대략 파악을 해도 여러분들의 이전 제안, 매입 제안을 하는 데 는 충분할 것이다. 특히 중소형빌딩의 경우는 시설관리를 위한 관리 소장 님이 상주 또는 비상주(관리회사)로 있지만, 자산관리 담당자가 별로 없는 경우도 많기 때문에 중소빌딩은 건물주의 계약서 모음 파일첩 안이나 건 물주의 컴퓨터에 간단히 엑셀로 정리된 경우도 많다.

여러분이 이런 렌트롤에 준하는 자료를 만들어나가는 과정에서 동네 경쟁 부동산 회사에 비해 우위에 설 수 있는 것이다.

동네 임차인들의 계약 조건과 만료 일자를 여러분이 다 알고 있다면, 할 수 있는 일은 무궁무진해진다. 특히 전속 빌딩을 수주하면 누구를 대 상으로 이사를 오라고 제안할지 대상이 명확하게 나오는 것이다. 공실이 많거나 신축 중인 빌딩, 매매하려는 건물주에게 가장 근거 있고 빠르게 거 래를 성사시킬 수 있는 공인중개사라는 강력한 근거를 보여주게 된다. 내 경우에는 그런 렌트롤을 당연히 주면 안 되지만… 노트북을 들고 나가 한 페이지 정도 중요한 부분을 가리고 출력해서 수주 대상인 고객에게 보여주면서 말한다. "이런 것들을 보여주는 공인중개사가 있나요?"

이런 질문에 건물주 대부분은 "없다"라고 대답한다.
그게 수주 가능한 포인트가 된다.
'어떻게든 열심히!' 이런 막연한 업무 열정이 아니고,
타깃이 정확하기 때문이다.

특정 지역을 정하고
파밍(Farming)해야 하는 이유

감당할 수 있는 규모의 지역을 정하고 지속 관리해야 한다. 렌트롤은 무엇이며 어떤 힘을 갖는지 여러분은 알게 되었다. 어떻게 만들 수 있는지도 알게 되었다.

이제 남은 것은 단! 하나! 파밍을 나가는 거다. 당연히, '나만의 지도' 안의 구역을 파밍해야 한다. '나만의 지도' 속의 건물 수(지번 수)가 300~500개 정도가 적합하다. 매일 10개 건물을 방문한다고 가정하면 한 달이면 모두 순회할 수 있는 건물이다. 어느 순간 건물주, 관리소장 또는 지역 내 임차인들이 여러분이 ○○공인중개사 사무실의 ○○○ 공인중개사임을 인지하게 될 것이다. 너무 욕심이 앞서서 '나만의 지도'를 만들어 오라는 내 과제에 '역삼동'이요, '성수동'이요. 이렇게 말하는 초보 공인중개사(에이전트)들이 있다. 이런 경우에 내가 웃으면서 하는 이야기가 있다. 평생 부동산 일을 해도 '역삼동' 하나를 완벽히 하지 못할 거라고! 이것은 사실이다.

파밍은 산책이 아니다. 만난 건물주를 만나고 또 만나고 또 만나고 이유 있어서 만나고 이유 없어도 만나는 활동이다. 거의 '삼시 세끼' 같은 지극히 루틴으로 사무실 밖으로 나가는 고객 접촉 활동이 되어야 효과가 나온다. 아주 오래 한 지역에서 공인중개사 사무실을 하신 중개사분들이 파밍 같은 활동을 안 하고도 그럭저럭 지역 정보도 알고 계약도 잘하시는 것을 볼 때가 있다. 20년, 30년을 하신 분들이다.

이제 여러분의 선택이다.
그럭저럭 길고 가늘게 창업 후 20년, 30년 후 지역 전문가가 될 것인가?
바로 1년 내 창업한 동네에서 1등을 할 것인가?

함부로 넓은 지역을 파밍 하면 '나만의 고객'을 확보하기 힘들다. 어제 모내기한 여러분의 논을 버려두고 산으로 들로 사냥 다니지 말라는 뜻이다. 부동산 영업에 파밍이라는 단어를 쓰는 것은 농사처럼 매일 관리하라는 의미다. 물론, 사냥도 필요하다. 농사가 안정된 이후에 생각해볼 일이다. 그런데도 코치의 말을 안 듣고 욕심이 앞서서 큰 지역을 선택하는 사람이 있는데 두 가지 결론으로 나타난다.

너무 열심히 일해서 과로로 쓰러지는 유형과 죽도 밥도 안 되는데 돌이킬 수도 없어서 흥미를 잃고 부동산 일을 못 할 만큼 트라우마를 갖게 된다. 후자의 경우, 부동산 업계를 떠나기도 하는데 대부분 업계를 떠나는 분들은 공통으로 부동산 중개는 비전이 없다고 이야기한다.

6·25전쟁 시, 임진왜란 시절에도 학자는 공부했고 남녀는 결혼하고 아이를 낳았다. 핑계를 대지 말라는 말이다. 이런 실패를 미연에 방지하는 가장 중요한 포인트는 재미를 느낄만한 적당한 크기를 파밍하고 몰입한 작은 지역에서 첫 계약을 빨리하라는 것이다. 첫 계약은 크기보다 빠르게 나오는 것이 좋다. 내 영업 인생에서 첫 계약은 강남대로 황○빌딩(오피스텔) 5층 한 칸이었던 것으로 기억한다. 수수료가 50만 원인가로 기억한다. 당연히 강남대로 파밍을 하다 생긴 물건을 전속 받고 정확하지는 않지만, 상대방 중개사무실이 있어서 공동중개를 한 기억이다. 첫 파밍 지역으로 테헤란로 대로변, 강남대로 대로변을 했던 기억이다. 건물이 1,000여 개였다. 아직도 당시의 매물장을 가지고 있다.

일정량의 고객 접촉을 이어가야 한다
_ 지속적 신규 가망 고객 접촉(최소 21일 이상 지속)

하루에 몇 명의 신규 접촉량을 가져야 한다. 이렇게 정해진 것은 없다. 예전에 공부한 부동산 매뉴얼에서 이런 표현이 기억난다. 최고의 실적을 내는 경력자가 신입 시절처럼 신규 접촉량을 유지한다면 '매출의 한계가 없을 것이다'라고. 그런데 매출의 한계는 누구에게나 온다. 우리가 사람이기 때문이다. 게을러진다. 최고의 국가 대표 체조 선수도 코치가 없으면 바로 아이스크림의 유혹에 빠질 수 있다. 그게 당연한 거다. 목표를 정하면 널리 알려야 하고 스스로 게으름을 방지하는 다양한 장치를 만들어야 한다. 내가 이달에 돈을 못 벌었다고 집에 있는 5살 딸아이에게 밥을 아껴 먹으라고 반 공기만 주고 유치원을 이달은 쉬게 하는 것이 말이 될까? 그런 말도 안 되는 행동을 게을러진 영업 사원을 수시로 한다. 물론, 그런 사람들은 5살 딸아이가 없다. 내가 하고 싶은 것은 돈이 안 벌리면 그만이다. 이런 사고방식을 버리라는 것이다. 그럼, 묻겠다.

여러분은 1년에 얼마를 벌고 싶은가?

오늘은 모르는 회사, 사람 몇 명을 만났는가?

모르는 회사나 사람에게 몇 통이나 미팅 약속을 잡는 전화를 했는가?

퇴근 전, 여러분의 손에는 아침에 없던 명함이 몇 개 있는가?

이런 것들에 대답이 팍팍 안 나온다면, 여러분 영업은 '산'으로 가고 있는 것이다. 위 몇 가지 질문에 이런저런 핑계가 떠오른다면, 같은 이유로 며칠 밥을 굶어보기 바란다. 그건 말이 될까? 어차피 말도 안 되는 핑계를 대지 말라는 말이다.

나중에 목표가 크던지, 오늘 단! 한 명 밖에 신규 접촉을 못 했다 하더라도, 제로는 안된다. 1~2개는 열심히 한다는 각오라도 되는데, ' 0 ' 은 답이 없다. 작은 숫자라도 만나는 숫자를 지켜라! 최소 21일 연속으로 지켜보라! 22일째부터는 안 하는 것이 어색할 것이다.

한 달 접촉은 최소 신규 가망 고객 접촉 50건 이상 확보(TOTAL 최소 100명)해야 한다. 최소 100명이라고 적어둔 이유는 신규 창업자, 취업자의 계약 성사율은 1% 이하다(콜드 콜 포함). 100건 정도의 신규 접촉은 있어야 계약을 하거나 계약에 근접한 가망 고객을 찾을 수 있는 것이다. 혹자는 계약 성사율이 너무 적다고 이야기하기도 하는데 이런 1%(1건)의 수수료는 10만 원대 아니고 100만 원대도 아니다. 일반적인 회사원들의 한 달 평균 급여보다는 훨씬 높다는 이야기다.

한 달에 100명을 신규 접촉하려면, 한 달에 20일 일한다면, 하루에 5명이다.

매출 목표를 더 빨리 내고 싶다면, 10명 접촉하는 것도 방법이다. 한 달에 20일을 일하는 기준이다. 심지어 30일을 일한다고 생각해보라! 300명이다. 벌써 5명 접촉하는 사람과 누적 숫자가 3배가 넘는 차이를 보인다. 특히 20~30대 새로운 창업이나 취업을 하는 분이라면 주 7일 일하시라고 권한다. 6개월 정도는 그럴만한 이유와 가치가 있다.

공인중개사를 창업(취업) 후, 반년 이상은 주 7일, 몰입의 영업은 필수다!

주 7일을 일하면, "건강을 해치면 어쩌죠?" 이런 걱정도 될 수 있다. 창업이나 취업 초기에는 주 7일 일할 각오를 하라는 것은 '나중에 편해지기' 위해서다. 나도 잘 못 지키는 일이지만 주 7일을 할 때 주의 사항이 있다. 24시간을 잘 안배해서 써야 한다는 것이다. 자는 시간, 먹는 것은 잘 지켜야 한다는 것이다. 나는 개인적으로 일을 하는 데 도움이 안 되는 것은 스스로 하지는 말자는 주의다. 예를 들어, 술, 담배, 도박성 오락, 중독성 게임 같은 것은 아예 손을 대지 않는다. 여러분이 창업, 취업 초기의 평일 시간표를 과거 내 경험을 바탕으로 제안해보겠다.

병아리 공인중개사의 하루

6시 전 기상

7시까지 출근, 출근할 때 오디오북, 유튜브 강의 등을 듣는다.

8시 반까지 업무 준비
- 이 시간은 굉장히 중요하다! 방해받지 않는 1시간 반은 온종일 영업을 하는 데 필요한 자료 제작 및 전날 파밍 하면서 만난 고객을 오늘 재접촉하기 위해 리포트를 준비하기에 충분한 시간이다. 방해받지 않는 몰입의 1시간은 출근 시간 이후, 동료와 함께 일하는 4시간의 업무량과 비슷한 결과를 낸다.

8시 반~9시 동료, 상사와 공유할 것들을 공유 또는 회의하고 늦어도 10시 전에 사무실을 나선다.
- 가급적 9시 30~40분쯤 어제까지 파밍한 옆 건물로 나간다.

9시 50분 첫 고객을 만난다. 첫 미팅을 시도한다가 맞겠다!
11시 반까지 한 시간 반을 몰입해서 신규 고객, 재접촉 고객을 만난다.
- 신축 건물의 경우, 내부를 확인하고 한군데 건물이라도 몰입할 필요가 있으면 충분한 시간을 할애한다. 거절이 섞인 고객 접촉이므로 오전에 4~5명의 신규 접촉을 한다.

11시 반~12시 식사를 한다.
- 가급적 매일 다른 식당에서 밥을 먹고 나오는 길에 식당 사장님과 명함 교환을 한다.

12시~1시 오전을 정리하고 오후를 준비한다. 커피숍에서 휴식 반, 독서 반을 해도 좋다.

1시~5시 이어서 파밍을 한다. 오후는 신규 접촉보다 재접촉이나 전속 수주를 위한 제안, 프리젠테이션 등으로 시간을 활용하면 오후의 피곤함을 이기면서 일할 수 있다.

5시~7시 저녁 식사를 하고 데이터 정리, 그날 만난 고객 분류 작업을 한다.

8시~10시 제안서를 만드는 등, 장시간을 요하는 서류작업을 한다.

11시까지 집에 도착해서 잔다.

이 시간표대로 해도 여러분은 충분히 7시간이나 잠을 자고, 밥도 충분히, 중간에 휴식도 충분히 있다는 것을 알 수 있을 것이다. 최소 6개월 정도 이런 루틴을 생활화해서 나의 시간 활용법으로 뇌가 인식하게 만들어야 한다.

이 시간표에 빠진 것들이 있다. 고객과 건물을 답사하거나 계약하는 시간 등이 빠져 있다. 당연히 창업, 취업 초기에는 내가 세운 계획을 내가 진행하는 위의 일상이 며칠간 이어질 것이다. 그러나 내가 찾은 고객이 내가 찾고 제안한 부동산을 답사하게 되고 때에 따라 답사도 직원, 임원, 대표 등 여러 차례 이어진다. 각종 조건 협의, 계약서 검토, 건물주와 임차인의 요구 사항 접수 및 솔루션 제공, 계약 진행, 수수료 협상 등 고객과 '계약'을 전제로 만나기 시작하면 그 일정은 대부분 고객에게 맞추게 되는데 이 경우는 위 일정이 마구 흔들린다.

이때는 고객과의 미팅, 계약 일정 등에 모든 스케줄을 조정해 진행하되 그 일정이 끝나거나 그 사이사이 원래의 루틴을 이어나가야 한다. 가끔 고객의 거절에 마음이 심란하고 기분을 망쳐서 그날 일 안 하고 큰 계약을 했다고 기뻐서 놀러 가고 그러면 안 된다는 것이다. 루틴이 깨지면 회복하는데 3~4배의 노력이 필요하기 때문이다.

영업의 관성을 놓치지 말자!

절대 멈추거나 주저앉지 말자! 힘들 때나 기쁠 때는

천천히라도 지속은 하자!

이 책을 따라 실제 영업을 하고 있는
창업 예정자라면!

이 책을 따라 실제 영업을 하고 있는 창업 예정자라면 지난 6주간의 활동을 실행하면서 오픈 희망 물건에서 적합한 물건 리스팅한다. 오픈 희망 공간을 임대차 계약한다(신축 빌딩인 경우, 수주를 병행해 임대차 계약을 체결).

공인중개사 사무실, 중개법인을 창업하거나 취업하려는 분들이 이 책을 읽고 있을 것이다. 경우에 따라 오랜 부동산 중개 업력이 있지만, 다시 제대로 해보고 싶은 분들도 읽고 있을 것이다. Part 1~6까지 이어오면서 목차 앞에 1주로 표기했다.

영업은 제대로 시작을 못 하고 있는데
이 책은 지금 페이지까지 읽고 있는 분도 있을 것이다.
이왕이면 책만 읽지 말고 당장 영업을 시작하기 바란다.

앞서 언급한 것들을 시간을 두고 하기보다는 완벽하지는 않더라도 일단은 시작하라는 것이다. 이 책의 가장 앞부분에 나오는 '나만의 지도' 만들기도 안 예쁘게 편집된다고 하더라도 네이버 지도를 보면서 도로가 만나는 부분을 중심으로 여러 장을 출력해서 도로끼리 만나게 붙이다 보면 제법 큰 크기로 만들어진다. 그러면 여러분이 주로 영업할 활동 무대인 도로가 지도의 가운데에 오도록 배치하고 남는 부분은 뒤로 접어버려도 좋다. 그렇게 여러 장 풀칠하고 당장 필요 없는 부분은 접어버린 지도가 예쁘지 않더라도 상관없다. 여러분이 원하는 수익을 내기 시작하면 머릿속에 다 입력될 내용이고 여러분 밑으로 들어올 직원이나 팀원이 입사할 때 업그레이드하면 된다. 이렇게 만들어진 지도 안에는 건물들이 지번별로 표시되어 있을 것이다. 지도를 들고, 실제 거리를 나가보라!

이때는 산책이라도 좋다.

대신, 당신은 이미 6주가 지난 상태에서 이 부분을 읽고 있기 때문에 어느 정도 위치는 다 파악되어 있을 것이다. 빠르게 만날 고객(건물)을 표시하고 이왕 가면 파밍 지역이니 실제 몇 명이라도 만나고 사무실로 복귀 하기를 권한다. 권한다? 해야 한다! 그래서 원래 이 책의 진도에 맞게 빨리 돌아오기 바란다.

원래 진도대로 잘 하고 있는 예비 창업자, 취업자라면 6주간의 파밍을 통해서 지도 내 대부분의 공실이 파악되었을 것이다. 파악되고 정리된 공실 데이터 중에서 여러분이 창업할 적합한 '공인중개사 사무실 용도(중개 법인에 적합한 사무실)'를 떠올려보라!

바둑의 흑과 백을 모두 들고 본인 혼자
두 명이 바둑을 두듯이 상상을 해보라!

고객은 '여러분 스스로'. 자신의 사무실을 구해줄 공인중개사도 역시 여러분이 되어보라는 것이다. 그렇다면 생각나는 '공인중개사 사무실 자리'는 어느 건물의 몇 층인가? 몇 개가 떠오른다면, 적어본다. 그리고 지도를 열어 적합한지 위치를 충분히 살펴보고 오늘은 그 현장을 가보는 것이다. 적합한 자리 옆에 기존의 공인중개사 사무실이 몇 곳이 있는지 확인도 해보라! 다른 사무실들이 옆에 있다면, 본인이 생각한 위치가 기존 사무실들에 비해서 어떤 장단점이 있는지 공인중개사 사무실을 구해주는 공인중개사가 되어 생각해보라는 것이다. 본인이 본인을 가장 잘 알지 않는가? 본인 성향이 외향적이고 적극적이고 이 책의 내용을 충실히 소화해서 이미 6주 차에 어느 정도 영업을 할 만한 물건 데이터와 건물주 만남이 있었다면 당신이 이미 영업력을 가지고 있는 것이다. 이런 경우는 같은 비용이라면 주차가 용이하고 공간이 넓은 사무실을 구하는 것이 좋다. 여러분이 타깃으로 잡은 고객과 이미 약속을 잡았고 여러분 사무실로 찾아오려는 목적성을 가지고 오는 고객이 더 많을 수 있기 때문에 주차가 중요하고 고객을 응대할 공간이 쾌적하면 더 좋기 때문이다.

반면에 여러분 스스로 고객 대응력도 좋고 전문 지식도 많은 반면에 외부로 고객을 찾아 나서는 영업력이 부족하고 수동적 성격이 강하다면 간판 효과가 뛰어난 최고의 자리를 찾는 것이 좋을 것이다. 이런 경우, 기존 공인중개사 사무실 자리를 인수하는 것도 방법인데 생각보다 자리가 좋은 공인중개사 사무실인데 열심히 안 해서 저평가된 자리도 있으니 이런 경우 지역 공인중개사 사무실을 운영하는 기존 공인중개사에 물어보는 것도 좋다. 자리를 내놓은 공인중개사라면 매우 적극적으로 본인 자리를 어필하고 지역에 대한 상당한 정보를 줄 것이다. 이런 내용 중에서 팩트를 뽑아내 판단하면서 전체적으로는 절반의 내용만이 사실 것으로 보수적으로 판단하면 좋을 것이다. 이런 경우 당연히 권리금이 발생하는데 권리금은 저렴할 수도 좋은 것이 아니라 높은 권리금이 붙은 자리를 잘 협의해서 잘 조정해서 인수하는 것이 좋다. 권리금이 없는 자리는 '오죽하면!' 이렇게도 생각할 수 있는 것이다.

여러분의 창업과 취업의 길에 실패가 있으면 안 되기 때문에 가장 보수적으로 이야기하는 것이다. 당연히 원칙은 이 책에서 계속 언급하고 있듯이 여러분은 여러분 스스로 영업력을 키워야 한다. '나를 찾아오는 고객은 당연히 환영이지만, 내가 찾아가는 고객을 더 많이 만나겠다!'라는 능동적인 생각을 가지고 영업을 하라는 이야기다. 나는 28년 영업을 하면서 1층 간판 효과를 보고 일한 적이 없다. 그러나 1층 간판 효과를 너무나 잘 안다. 돈과 무관하게 '중개법인'을 오픈한다고 생각해보자! 나는 아마도 강남역 대로변 1층에 기존 은행 자리 같은 곳에 오픈할 것이다. 그런 자리가 마구 떠오른다. 국기원 사거리 역삼빌딩 1층 전체에 공인중개사 사무실을 낸다면 간판 효과 최고다! 앞에 주차 최고다! 그런 자리에 오픈한다면 월세는 수천만 원 내겠지만 매출은 매달 수억 원, 10억 원. 이렇게 벌릴지도 모르겠다. 첫 직장인 E사가 강남역 대로변 300평짜리 1층 부동산 회사를 직영점으로 운영한 적이 있었다. 지금은 5~6개의 리테일로 임대 중인 건물인데 당시에 그냥 지나다 빌딩 매매 물어보러 내놓으러 들어오는 방문객이 하루에 200명에 육박했다. 통계적으로만 봐도 진성고객도 수십 명에 달했다는 이야기다. 그런 자리 효과는 확실히 있다. 그러나 그런 효과를 '덤'이라고 생각해야 한다.

금상첨화!

무조건! 내 영업력 확보가 1순위 + 덤 = 금상첨화 = 매출 극대화

이렇게 표현하고 싶다.

아웃바운드 (고객을 찾아 나서는~)를 적극적으로 하는 마케터가 되어야 한다! 부동산을 단순히 사고파는 단순 중개가 아니라 마케팅을 결합한 마케터가 되어야 한다.

현상만 보면 안 되고 현상을 뒤집어보고 잘라보고 붙여보면서 불가능해 보이는 거래도 거래가 되게 만드는 '공인중개사(에이전트)' 선배들을 무수히 많이 봐왔고 내 과거 기억으로도 드라마틱한 계약은 처음부터 쉽지는 않았다.

마케팅 능력을 갖춘 공인중개사가 되기 위한 첫걸음은 '사고의 전환'이다.

본인이 공인중개사 사무실을 개설해서 중개업을 시작한다는 단순 사고

가 아니라 '부동산과 관련한 어떤 솔루션도 내놓을 수 있는 회사'를 창업한다고 생각해야 한다. 접수받은 일을 현상에 맞춰 진행하기도 하지만 더욱 큰 상품성을 만들 수 있는 솔루션을 제공하고 그 제공된 솔루션을 수행하기 위한 적임자로 여러분이 전속 공인중개사(에이전트)가 되어야 하는 것이다.

책임 중개라는
무거움을 이겨내라!
_ 고객 차별화 관리법

전속 빌딩 노하우
_ 계약 가능한 가망 고객 선정 노하우

　빠른 공실 처리를 위해서 갖출 데이터는 '계약이 가능한 가망 고객'이라고 이야기한다면, 그런 것이 가능한 이야기냐고 되물을지도 모른다. 그러나 한 지역에서 이 책에서 이야기하는 급속 충전 방식으로 공실 등 매물 데이터와 고객을 확보한 상태로 공인중개사 사무실(중개법인)을 창업하거나 부동산 회사에 취업하는 사람이라면 '가망' 고객 몇 명은 떠오를 것이다. 당연히, 해당 지역에서 수십 년 일한 공인중개사들도 이런 가망 고객이 떠오를 것이다. 그러나 떠오른다 해도 그 즉시 전화를 하고 약속을 잡고 적합한 제안을 만들어서 만나러 가는 사람은 극히 적을 것이다.

　행동력이 필요하다!

　이것은 말이 된다! 이것은 돈이 될 것 같다! 이런 생각이 든다면

　바로 총알이 튀어 나가듯이 사무실을

　박차고 나갈 준비가 되어 있는 사람이 되어야 한다.

여러분이 어떤 부동산을 매매이든 임대이든 신축 건물이든 여러분에게 전속으로 맡겨달라고 이야기할 수 있으려면, 지금까지 Part 1~6까지 언급한 파밍을 통해 축적한 데이터를 해당 고객에 딱 맞게 가공해서 반쪽의 고객을 떠올리고 제안하러 출동해야 하는 것이다. 그런 행동력을 보여줘야 고객도 여러분에게 자신들의 빌딩을 맡길 것이다. 서울을 기준으로 아무리 작은 부동산이라도 매매가나 임대가는 상당하다. 가끔 내가 무조건 전속으로 의뢰받아야 한다는 말을 충실히 수행하고자 고객에게 무조건 전속을 달라고만 이야기하는 에이전트들이 있다. 여기서 전제 조건을 이야기 해주겠다. 맨입으로는 안 된다. 충분한 설득 자료, 근거가 확실해야 한다. 부동산을 거래하는 데 있어서 가장 확실한 증거는 고객이 필요로 하는 부동산 거래의 '반쪽'을 보여주는 것이다. 어떤 동네에 모든 건물 데이터, 지역 내 임차인은 어떤 임차인이 있고 우량 임차인 중에서 이전이 가능한 일정에 도달한 임차인이 얼마나 있는지 여러분이 알고 있는 상황에서 누군가의 건물을 전속 수주한다고 생각해보자! 그냥 일반 중개로 의뢰받은 물건을 채우는 일과는 비교도 안 되는 품질의 부동산 서비스가 되는 것이다. 나는 그런 상황을 만들고 일해왔기 때문에 고객을 만나면 항상 3가지를 이야기한다.

내가 가지고 있는, 관리 중인 고객 데이터를 보여준다.

주지는 않는다.

그 데이터 축적 노력도 수수료로 청구할 거라고 말한다.

수수료가 비싸다고 이야기한다.

오늘 전속을 달라고 당일에 이야기한다.

여러분이 창업과 취업해 어느 지역에서 부동산 비즈니스를 진행할 때, 그렇게 일할 수 있으면 하는 것이 나의 바람이고 이 책을 쓴 이유다. 중개업을 1층에서 하다 보면, 여러 가지 틀에 박히게 된다.

"이 동네는 매매 수수료가 ○%예요."

수수료에 대한 기준을 왜 동네 기준에 맞추는지 모르겠다. 중개업법상 수수료 규정이 있기 때문에 법을 지켜야 하지만 부동산 서비스의 종류가 고품질, 장기간, 기획 마케팅, 전문 컨설팅(자문)이 필요로 하는 경우에도 단순 중개 수수료로 계산되기 힘들다. 법정 수수료와 각종 자문료, 업무에 필요한 비용, 인건비 등이 모두 감안되어야 한다. 우리나라 공인중개사들이 대부분 주거용 부동산 중개에 종사하기 때문에 무슨 소리인가 느낄 수도 있을 것이다. 주택과 상업용 부동산 시장의 업무는 아주 다르다. 거래를 시킨다는 유형은 같지만 1,000억 원짜리 부동산을 거래하는 데 1장짜리 계약서를 써서는 매도자, 매수자 모두를 보호하지 못하기 때문이다. 계약서 자체를 변호사, 법무법인에 감수를 맡기고 법무법인이 진행하게 하는 경우도 많을 정도로 큰 재산을 다룬다는 것은 복잡한 일인데 초보 공인중개사들을 위해 쓴 이 책에서는 자세히 언급하지는 않겠다.

전속 빌딩 임대인 대상 업무 보고 : 개인 고객, 기업 고객에 따른 차별화된 보고 방법은?

공인중개사 업무를 하면서, 매주 고객에게 업무 보고서를 작성해 브리핑하고 매월 시장조사 리포트를 만들어 주변 동향을 보고하는 등의 활동은 거의 일반적이지 않을지 모르지만, 전속으로 어떤 부동산을 임대차 대행, 매매 대행을 한다면 여러분에게는 이런 보고서 작성 능력과 브리핑 능력도 갖춰야 하는 업무 능력이다. 특히 전속으로 신축 빌딩을 수주하거나 기업의 부동산을 수주해 부동산 소유자, 결정권자가 따로 있는 경우는 더더욱 보고 능력은 매우 중요하다. 고객이 먼저 전화를 걸어와 잘되고 있는지 묻는다면 여러분의 전속 중개 진행은 잘 안 되고 있는 것이다. '전속 대행사'로서 자격이 없다는 뜻이다.

무조건 먼저 연락해야 한다!

나는 전속을 준 고객이 개인이면 아침에 몇 시에 일어나시는지 물어본다. 고객이 기업의 담당자라면 그 담당자가 자신의 상사에게 출근하자마자 대답할 수 있도록 출근 시간 전에 보고한다.

고객의 성격에 따라 문자로 보고하기도 하고, 연세가 지긋한 어르신(회장님)께는 전화를 드린다. 그분들이 일어나신다는 시간 30여 분 정도 후쯤 문자나 전화를 드린다. 담당자가 있는 경우는 출근 시간을 물어본다. 그래서, 출근 30전쯤에 보낸다.

내가 맡았던 전속 건물의 사례를 이야기해보겠다. 한 회사에 전속을 맡기는 건물주의 결심은 작은 결정이 아니다. 수십억 원, 수백억 원을 보유한 자산가지만 보유한 부동산이 공실이 많거나 매매가 잘되지 않는다면 엄청난 스트레스를 받는 것이다. 전속권을 가진 부동산 대리인이 되는 것은 그야말로 건물주를 대신하는 책임감을 느끼는 것이다. 모든 시간과 신경을 맡은 건물에 써야 한다. 그야말로 책임 중개를 해야 한다. 나는 전속을 수주하게 되면 위에 언급한 내용처럼 고객을 라이프스타일에 맞춰 보고하고 규모가 큰 건물인데 신축이거나 공실이 많은 건물은 가급적 대면 보고의 횟수를 일정 수준의 공실이 해소될 때까지는 늘려서 만나고 보고한다. 마케팅의 진행을 보고하는 것도 있지만 실제로는 함께 머리를 맞대고 목적을 달성하기 위한 하나의 마음을 보여주는 것이다. 실제 이런 과정에서 건물을 채울 수 있는 엄청난 아이디어가 나오기도 한다. 한 명의 변호사에게 부부가 동시에 이혼 소송을 맡기지 않는 것처럼 전속을 받는 경우 상황에 따라서는 가급적이면 '중개'를 하지 않고 일방 대리를 하기를 권한다.

우리가 실제 부동산 일을 대부분 일방 대리로 이미 하고 있다. 공동중개를 하다 보면 이미 모르는 사이 일방 대리를 하고 있다. 내가 이야기하는 일방 대리는 그런 측면과는 조금 다른데 건물주의 임대 담당 대리인으로서 임차인을 대하라는 이야기다. 반대의 경우도 마찬가지다. 심지어 임차인 쪽 부동산 회사를 내 관리 영역에서 우회 세력으로 만들어 건물주의 이익을 더욱 지키고 높이기 위해 내가 받을 임대(건물) 쪽 수수료를 임차를 진행하는 대리인에게 나눠주기도 한다. 물론, 임대인 시장이냐 임차인 시장이냐에 따라 건물 쪽 대리인도 객관적 데이터를 기반으로 본인이 대리하는 건물주가 잘못된 판단으로 계약 성사를 못 하는 등의 더 큰 피해를 막기 위해서 가격 조정이나 협상의 우위를 내려놓는 판단을 조언하기도 하지만 이 역시 손해를 최소화하고 본인이 대리하는 고객의 이익을 보호하는 차원이 앞서서 나올 수 있는 태도다. 부동산 협상과 거래에 있어서 좋은 것이 좋은 것, 이런 것은 없다.

사실 임대료가 높아지고 매매가가 높아지면 '중간에서 타협'을 한다는 것이 불가능하기도 하다. 월 임대료 500만 원이 사무실을 50만 원 할인해 달라는 임차인 쪽 요청에서 몇십만 원 선에서 건물주를 설득하는 것은 임대인, 임차인이 모두 만족스러운 결과로 끝나기도 하지만 500만 원이 아니라 5,000만 원이나 5억 원이라면 상황은 완전히 달라진다. 대형 건물의 경우에는 건물주와 임차인이 모두 큰 회사라 임대차나 매매를 진행할 때, 처음부터 양쪽이 각각의 전속 공인중개사 사무실과 각각의 변호사를 두고 협상을 진행하는 것도 이런 이유다.

내용은 비슷한 형식이다.

어제 당신의 부동산 업무를 처리하기 위해 어떤 활동을 했고, 오늘은 어떤 일을 할지 실적과 계획에 대해 보고를 한다. 특히 회사인 경우는 그 회사가 나에게 맡긴 부동산과 관련된 보고를 하는 날이 있다면 그 요일이 맞춰 그 회사의 보고 양식을 달라고 요청해서 내가 대신 작성해서 보냄으로써 전달된 말로 인해 오해가 생기는 것 자체도 막고 은근슬쩍 내가 하고 싶은 말을 그 회사 내부 보고에 들어가서 윗분에 전달되도록 한다.

업무 보고의 종류

일일 업무 보고(고객 성향에 맞춰 보고)

주간 업무 보고(고객이 기업인 경우 매우 중요하다.)
• 필요시, 대면 보고가 정기적으로 요구되기도 한다.

비정기적인 조사(임대가 변동, 주변 경쟁 건물 입주 동향, 주변 신축
빌딩 동향 등)
- 부동산 답사나 고객의 조건 협상 등이 있을 경우는 케이스별
로 수시 보고한다.

여러분의 회사가 사용하는 업무 보고 양식을 만들어 일상에서 사용하
면 매우 효과적이다. 여러분뿐만이 아니라 구성원들이 고객 상담 차트를
비롯해 이런 업무 보고 등도 양식을 통일해 사용하는 것은 매우 중요하다.
지금은 비록 1인, 2인 부동산 회사로 시작하지만, 회사를 키워 대형화, 전
문화하겠다는 생각을 늘 잃지 말자! 우리는 복덕방을 운영하기 위해 이 책
을 읽고 쓰고 있는 것이 아니다.

고객과 미팅한 업무 보고를 샘플을 몇 가지 공유하겠다.

주간 업무 보고(양재동)(샘플)

금주의 활동 및 계획

1. 주요 추진의 건

방법	업체 / 고객군	진행 사항
직접 마케팅	– ○○양행(자체 음료+식사 매장) – ○○레(성수동 체험장과 유사형태) – 자전거 매장 　직영점 또는 편집 매장 　타깃 브랜드 선정(○○로, ○○고, ○○언트, ○○데일, ○○키, ○○렐로, 스페셜○○즈드, 기타 국내사) 　: 해외사는 편집, 국내사는 플래그십 제안 – 양재천 및 인근 기업 리스팅 시작 　: 디자인 회사, 설계 회사 집중 – ○○테넌트군 타깃 선정에 집중(지하,1층,2층) 연계 가능 – 신경정신과, 가정의학과 등 리스팅(양재천 환경과 우리 건물의 장점을 강조한 운동클리닉 제안, 관련 전문의 대상 개별 접촉 예정)	– 한국자전거경영인 협회 방문 예정(차주) – 쇼룸 운영하는 기업 포함 – 차주까지 임대안 내문(IM 수준) 완성
간접 마케팅	– 양재, 도곡 인근 지역 부동산 업체 리스팅 우선(공사 시작후, 자료 배포) – 타워팰리스 지역 대형 중개 사무실 방문 – 당사 전체 고객 대상 뉴스레터에 건물 소개 （금액, 면적 위주가 아닌 콘셉트와 지역을 홍보)	– 별도의 IM자료 및 영상자료 제작(건물주와 상의)

2. 공간 기획 기업과의 연계 마케팅
– 대형 광고사의 기업 공간 기획 대행팀 대상 빌딩 소개

　기업 홍보 대행 업체(○○션 외 미팅 진행 중) 공유경제 업체의 특화 공간 창출 제안(○○어, 패○○파○브 등 1차 접촉)

– 마침 –

[샘플 보고서 관련 결과]
양재동 신축인 본 건은 준공 전, 대기업의 광고 대행사 사옥으로 10년 임대됨.

여의도 OO원 임대대행 활동경과(샘플)

(20 .10. 23 / OO섹션)

1. 활동 개요

가. 활동현황 : 20○○년 O월 준공을 대비한 임대마케팅 진행중

   : OO년 3월 시작으로 7개월째 진행중

나. 영업대상 : 건축면적 7,492평, 연면적 189,870평

   오피스 2개동 중 타워 1의 69층, 332m/68,053평(○○건설이 책임임

   차한 O만 평, OO개 층)

다. 현재진행 : 서울지역 노후사옥의 신축, 리모델링 대체 사옥, 도심,

   강남지역 대형 입주사 대상 홍보 병행

라. 기대수익 : 층당 O억 원(총 OOO억 수준)

   • 3개 대행사 임대 전속 중(OO,OOO,OOO)

2. 활동 부문별 경과사항

• 노후 사옥 대상 마케팅

지역	활동 내용	주요 실적
여의도권	증권사 노후 사옥 100% 조사 1차 접촉 마침.	
도심, 강남권	강남 DB 구축 50%, 도심 10% 진행 중	
기타 업무	− 건설의 모델하우스 건 업무지원 − 노후사옥의 신축, 리모델링 수주 추진	

• 지원 시설 유치를 통한 임대 마케팅

업종	활동 내용	주요 실적
비즈니스 센터	책임 임차의 한계극복을 위해 건물 내 지원 편의 시설을 임차인으로서 유치하는 것을 목적으로 함.	

• 여의도 지역 기업 대상 마케팅

– 여의도 90개 빌딩, 1,006개 기업 대상 00원 1차 홍보 마침(전수 접촉).
결과 : 480개 기업(00원에서 1개층의 1/3수준 이상인 실면적 150평. 사용가능업체)중 전체 전화홍보 실시, 60개 관심업체에 건물 임대자료 발송 및 방문

• 건물주 업무에 대한 지원 업무

– 00원 시행사 측의 자체 지원편의시설 구축을 위해 우리 회사에서 시행사 측에 각종 자료 수집 및 설득 진행(임대활성화를 위한 건물주 설득 업무 : 2회 방문 브리핑 마침)

향후 계획

가. 활동 계획

– 현재 임대제안을 마친 위 7개사에 대해 준공 전까지 계약 추진 Follow Up
– 여의도, 강남, 도심 노후 사옥 보유 기업을 대상으로 2019년 상반기. 공사 수주 제안(000건설 000그룹, 우리 회사 000과 협력 수주 추진)
– 00원 내 소형 입주기업을 위한 2~3개 층 분할 이슈 대응(우리 회사의 신규 사업화 및 관련된 층에 대한 공사 수주)
  • 소형 업체의 특징상 동일 시장에서 이동함을 염두해두고, 여의도. 지역 전체기업을 대상으로 1차 홍보 마침(홍보 결과에 대해 000건설에 8월 월간보고 마침, 480개 대상 기업 중 60개 관심기업 대상으로 추석 전 건물 안내문 및 현장 투어 요청 홍보).

나. 상주계획
– 00년 12월 말 00원 현장 내 목업(Mock Up사무실) **구축**
  • 건설 마케팅팀, 우리 회사, 00보한 00 3개 임대 대행사 동반 상주
  계획
– 19년 7월 00원 임대홍보관 개설 예정
  • 현장 상주 인력 **필요**(내년 충원 필요)

– 마침 –

[샘플 보고서 관련 결과]
현재, 건물은 준공 후 5년이 지난 시점으로 대부분 면적은 입주가 완료되었다.

건물의 규모가 커지고 소유자가 기업인 경우, 이해 관계자가 많다. 신축 중인 부동산의 관련자는 건물주, 설계자를 비롯해 시공사 등 얼마나 많은지 모른다. 그 모든 사람들이 주목하는 단 하나의 관계자가 있다.

그것은 임대 담당자다!

건물의 신축 목적은 누군가 사용하고 그 댓가로 임대료를 발생시켜 임대 수익을 내고 향후에 매각 차익도 내야 되는 수익용 부동산이기 때문에 채우는 일을 하는 사람이 가장 주목받는다.

가장 스트레스를 받으며 욕도 가장 많이 먹는 사람이 임대 담당자라는 뜻이다.
물론, 그 보상은 작지 않다.

임대인 보고서 첨부 접촉 리스트

임대 추진 전략별 진행 현황[보고]

* 최종 변경일 : '18년 6월11일

전략과제명	활동명	내용	주요 진행 사항	추진일정	완료목표일/완료표시	담당
영기 발굴	대외 사업 내용 홍보	공주인 진행 사항	· 중관거래소 IFC공존가의 2개 블록 50여 개 임 1차 방문 및 대상자 대상 홍보 지속 중 · 해당 기업의 중창자 사옥운영관은 이슈 지속 처리중 · 한강수권(역의도사옥, 언산사옥, 리모델링) 신축 이슈 및 이전 가능성 확인) · 중창기 사옥 운영은 동 제안(파크원 기업은행 공사 예정~6/) · 키움증권(40세 노조사옥에 대해 방안 마련 중은 관리 근준 소속, 6월내 2차 상담 시 이전 이슈 E13차까지 예정~현재 상태마수 부속으로 결합할 조리)	지속	진행 중	
			· 유화증권 사옥 임대자 1차 접촉 후 홍 추가 이슈와 트렌드 조 피크로 임사사옥 후 신축 이슈 가능계 통화(6월출까지 타사 사례를 예로 가능성 타진 예정), 신축 및 대소규모 지속 건축 중. 6월말까지 위 3개 화사에 대해서도 건설과 중과 미팅 추진 예정			
	지원 편의시설 마케팅 공동 마케팅 수행		· 무인사(6월), 패스트웨어(5월) 기업에서 관리 중이며, 신규를 초반이 과정 속에서 4개복의권므로, TEC 등 1차 방문 마팅(조사), 6월 20일까지 패스트파이트 수준으로 전략(업체블에 2차) 전략예정(입대제안) E7	지속	진행 중	지정희
	기존 진행건 정리	구글 코리아	· 3월출터 진행되던 구글에 문의해 문의 제안사의 작성과 예정 (7월내 직접 면전 임사 추진 예정, 구체적인 결제안이 6월내 마련~2건 승인후 전집 예정) · 진입 마련을 위한 미팅은 건설과 동부내 운식 추진			
Network 확대활동	지역 활동	부동산 전문기업	· 대외도 지역 노후사옥 부유기업 조사 예정 · 역의도경역 약 140개 임출 중 50개 노후사옥 대상 마케팅 중(금주부터 3개 기업 이슈 파악) · 정보 파악에 시간이 소요 중으로 6월내 건설과 2차 미팅이 가능한 수준으로 준비중	지속	지속	진행중
	기타 건설업의 업권 확인	BYC, 조선선재 건	· BYC 건축담 완료 · (타사와) 확인 / 실내부 성복이 작업스러운 직접 방문으로 인해 명성 등 2차 제안 대응시 현재도 직접 발류행동에 대해 대응으로 진행중은 것으로으로 파악하 현재 임대지의 소선선재와 건 1차 방류행동은 연원에 이루면 저작상에서 인해에 조선선레은~내용에 모든것으로 동이어진 것은 상아한 수밀한 보시되 지방에서 있음 2건에 공사 못하는 상용 으로 지선소리준 매도 의사소 이어시도를 부도 등에 만류수 있는 사업에 검결에 해당성을 불명어도특히 검토특추진중	6월내 건설과 미팅추진	진행중	미
6월 이슈	대외도 활동 결과 리포트	대외도 전략의 빌딩임임대마케팅 특이사항 파악 (지속 중)	· 최근 직가장 마케팅 중인 FKI경쟁관과 IFC3인증 인주유치자인인 Needs 특징 파악) · 최근 IFC3 업주 기업 리스트 19開 대명(리음강성그룹(만타깃), 32곳(K에디길 입대이내나 본사)의 32개 사)	노창희		노창희

(출처 : 저자 작성)

건물을 채우기 위해 누구를 만나 어떤 제안을 하고 있는지, 그 제안을 발전시켜서 임대차 계약으로 완성하는 과정을 함께 고민하고 최적의 상품성을 만들어 내는 과정이다. 건물은 공간을 빌려주고 대가를 받는 상품이다. 오랜 시간 비어 있는 부동산의 상당수는 이런 상품성이 없다. ○대자동차의 ○나타를 좋은 차라고 하지만, 아무도 1억 원을 주고 사지는 않는다. 누구나 이해할 수 있는 가격(임대가)을 형성(정량적)하고 마음을 움직이는 클로징 마케팅 기법이 쓰여 합이 맞아야 판매가 되는 것이다.

현장 사무실 운영
답사 요령

창업과 취업을 희망하는 동네에서 가벼운 마음으로 '나만의 지도'를 만들고 그러던 중 전속으로 물건을 확보하며, 데이터는 물론 고객들이 생기고 있을 것이다. 특히 신축 빌딩은 다양한 제안을 통해 여러분의 전속 빌딩으로 수주가 될 것이다. 신축 빌딩을 수주한 직원들에게 늘 묻는다. 건물을 전속 받고 현장이 생겼는데 전속 건물에 몇 번 가는지 물어본다.

- 답사가 생기면 가거나 업무 보고를 하는 날 간다고 이야기하는 경우가 있다.
- 나는 매일 가라고 이야기한다.
- 직원들은 반응은 대부분 비슷하다.
- 다른 일도 바쁜데 어떻게 가냐고 묻는 것이다.
- 전속으로 건물을 수주하면 매일 현장에 가는 것이 맞는 것이다.

이 책을 읽고 있는 공인중개사 대부분은 그 전속 물건이 여러분의 영업 지역에 있을 것이다. 당연히 매일 가야 한다. 특히 지역에서 위치가 좋고 1층의 간판 효과가 좋다면 더더욱 현장 사무실(임대 사무실)을 1층에 만들어야 한다. 그 1층의 임대료가 1,000만 원이라면 여러분의 고객인 건물주는 전속 기간 동안 여러분에게 매달 1,000만 원을 지원해주는 것과 마찬가지인데 그 공간을 그 건물의 임대를 위해 사용하지 않는다면… 바보 같은 짓이다. 더 중요한 것은 여러분에게 자신들의 재산을 맡긴 건물주의 불안한 마음을 배신하지 마라!

고객들은 자신의 건물이 모두 만실 될 때까지 숙면을 하지 못하고 있다.

출근을 현장으로 하라!

현장이 생기면, 현장도 유지하고 출근해서 일상의 파밍도, 신규 고객 발굴 활동도 지속해서 해야 한다. 현장 상주는 24시간 그 현장에 있으라는 뜻이다. 더 일찍 출근하고 주말에 일하고 저녁에 일하라는 뜻이다. 업무량을 늘리라는 의미다. 어떤 신축 빌딩에 현장 사무실이 생기고 현수막이 크게 붙어 있는 경쟁사의 빌딩들을 지나칠 때가 있는데 반년 정도 지나면 다 채워진 건물도 있지만 대부분 건물은 여전히 비어 있고 현수막은 건물주 개인 전화번호로 교체되어 있다.

당연히 못 채웠기 때문이다.

그러나 전속을 해지당하고 건물주와의 관계가 나빠지게 되는 부동산 회사가 많은데 과연 그들이 오랜 시간 건물이 안 채워져서만 쫓겨난 것일까?

답은 아니다.

건물주는 애쓰고 있는 임대 담당자를 버리지 않는다.

무언가 '허점', 못마땅하고 최선을 다하는 모습을 보이지 못해서 중단을 당하는 것이다.

불을 환히 밝히고 현장 사무실에 세팅된 책상에서 콜드 콜을 하고 현장으로 방문하는 즉흥적 고객도 충실히 건물을 답사시킨다. 고객을 찾는 모든 채널을 가동해야 하는데 이런 현장 사무실은 큰 효과를 가져온다. 당신의 사무실이 하나 더 생긴 것으로 생각하고 운영해야 한다. 만약에 같이 팀을 이뤄 업무를 진행하는 공인중개사 동료가 있다면 시간과 요일을 나눠 현장 상주와 주변 파밍 또는 다른 현장을 동시에 운영하는 시너지를 낼 수도 있다. 내 경우에 한 사람이 충분히 2~3개의 전속 현장을 운영할 수 있었다. 특히 우리는 영업 타깃 지역을 정해두고 정해진 지역을 중심으로 매일 파밍을 하고 있기 때문에 현장이 '나만이 지도' 안의 관리 대상 건물 중 하나일 경우가 많다. 그러므로 보도권에서 얼마든지 여러 전속 현장을 운영하는 것이 가능하다.

특히 창업이나 취업 후, 팀원과 직원을 늘리게 된다면 여러분의 회사가 전체적으로 진행하는 전속 물건 숫자는 상당한 숫자에 이를 것이다. 진정 그 동네의 1등 부동산이 되는 기반을 마련하는 것이다. 새로 시작하는 분들이 가장 쉽게 안착할 수 있는 방법 중 하나가 전속 현장을 여럿 확보하는 것이다. 내가 굳건해질 때까지 '나만의 물건'을 확보하라는 의미다. 심지어 초보 공인중개사임에도 불구하고 좋은 결과로 프로젝트가 마무리되기도 쉽다. 여러분의 진행 건이 많지 않아 집중도를 높일 수 있고 매너리

즘에 빠져 있지 않은 열정이 살아 있는 초심자의 운도 따를 것이다.

(2명 이상이 한 현장을 맡아 진행한다면 둘 사이의 현장 운영안을 만들어 당직도 서고 현장 관리, 발굴한 고객에 대한 수익 배분 등을 미리 정리해두면 좋다.)

여러분은 이미 7주 차 창업 준비생으로 이미 상당한 지역 물건 확보와 지역 내 주요 건물의 사용자(임차인)를 파악하고 있지 않은가? 7주간 만난 수백 명의 지역 임차인들에게 여러분의 전속 빌딩으로 이사할 생각은 없는지 물을 수 있을 것이다. 전혀 이사할 생각이 없는 회사에 여러분의 전속 빌딩으로 이전할 때 어떤 이익과 혜택이 발생 가능한지를 정리한 제안을 할 수 있을 것이다. 그리고 이것은 운과 같은 덤으로 작동하는데 여러분이 전속 받아서 상주하고 광고판(현수막)을 설치한 건물로 알아서 스스로 문의해오는 지역 및 인근 지역 임차인들의 문의를 통해 해당 건물도 채울 수 있고 그 건물에는 맞지 않지만, 이전할 회사를 발굴해내는 부가 효과도 있을 것이다.

(모든 전화와 모든 접촉자를 매일 잘 정리하고 퇴근 무렵 건물주에게 오늘의 결실과 내일의 계획을 이야기해주고 퇴근한다면 여러분은 퍼펙트 리얼터다!)

현장 운영 팁

- 현장 상주 지침(해당 현장의 메인 진행자와 서포터로 구분한다. 배분율도 정한다.)
- 현장으로 방문한 고객에 대한 진행과 수익 배분
- 출퇴근 전후 시간, 주말의 현장 당직 순번

- 동료나 지역 부동산 업체에 현장을 보여주는 오픈 하우스(건물 보여주는 행사)를 진행한다. (많은 공인중개사를 전속 업체가 관리하고 홍보, 협업하고 있음을 건물주에게 보여준다.)
- 현장 사무실은 임시이기는 하지만 사무실로의 쾌적함을 갖춘다.
- 방문한 가망 고객에게 건물을 둘러본 느낌을 간단히 적어줄 것을 요청한다. (갤러리처럼 방명록을 활용하라! 고객이 답사 후 건물에 대해 언급한 코멘트가 좋거나 때로는 불만이 있더라도 작성하고 건물주와 상의해 개선점을 찾는다. 특히 가격이 비싸다는 의견이나 건물에 불편함을 고객이 자신의 입장에서 말해주는 코멘트를 찾아내고 개선하면 건물의 입주율을 현격히 높일 수 있다. 여기서 포인트 하나는 임대 대리인인 여러분의 입에서 가격이 비싸다 건물이 이런 핸디캡이 있다 등의 부정적 요인이 발설되면 안 된다는 것이다. 이미 건물주가 더 잘 알고 있고 그런 단점까지 보완해서 좋은 조건으로 건물을 채우라고 여러분을 대리인으로 쓰는 것이다. 단점은 항상 타인(가망 고객)을 통해서 알게 만들라!)
- 지역 내 다른 건물주들에게 전속을 준 현장과 일반 중개로 업무를 하는 형태가 어떻게 다른지 보여주는 모델로 삼는다.
- 성과(임차인 유치 성공)가 나오는 경우, 지역 내 경쟁 건물 중 여러분이 다음에 수주하고 싶은 건물주에게 '나의 가치'를 알려주는 사례로 홍보한다.
- 건물이 만실이 되는 순간까지 상주 사무실은 또 다른 나의 업무공간이 되므로 지역 내 파밍이 더욱 원활해진다. (베이스캠프가 두 개가 되는 것이다.)
- 임대 현수막은 상상 이상이 고객 발굴을 도와준다.
- 임대가 완료되면 기존의 현수막을 철거하고 '임대 성공' 현수막을 꼭! 걸어라! (온 동네 건물주가 여러분의 성공 사례를 알게 하라! 동네에서 파밍을 다닐 때, 여러분을 여러 번 알리고 입증할 시간을 아껴줄 것이다. 심지어 그렇게 어렵던 전속 빌딩 확보가 쉬워지기 시작할 것이다.)

전속 빌딩 주변의 경쟁 빌딩 건물주 접촉 및 고객화 전략

'현장 운영 팁'에서 언급했듯이 여러분의 파밍 지역에 '전속 빌딩'이 생기고, 상주. 사무실을 만들고, 현수막(임대 사인)을 설치하면 주변의 관심이 집중될 것이다. '전속을 이해하고 여러분을 믿고 맡겨준 현장'이다. 어떻게 운영하고 어떻게 건물주 채워 나가는지 동네 건물주들의 관심이 집중된다. 애써 모른 척하는 것 같지만, 건물을 가지고 있는 건물주는 모두 옆 건물에 관심이 많다. 임대가, 가격, 장마에 비 피해는 없는지, 우리 건물보다 어떤 점이 좋은지 등을 조용히 알아보고 있다.

여러분이 맡은 건물에 임차인을 유치했을 때, 그냥 계약을 마친 즐거움만 생각하지 말고 그런 성공을 발판으로 주변에서 추가 수주를 이어나가야 한다.

같은 동네에서 다른 건물을 이어서 수주하면 마케팅이 연장선에 놓이기 때문에 두 번째 전속 건물은 좋은 결과가 더 빨리 나오기 때문이다. 첫 번째 건물을 다 채우는데 들어가 몇 개월의 시간 동안 만나고 제안받은 지역 업체들이 두 번째 건물의 마케팅을 진행 중인 시간과 타이밍이 맞고 건물이 더 적합하다고 판단하면 이사할 수 있기 때문이다. 이런 경우, 심지어 자신들이 사용 중인 건물을 중도해지하고 이사하는 계획도 세우게 되고 여러분의 진행 건으로 3개, 4개의 계약을 동시에 할 수 있다. 이론적으로는 한 개의 계약은 7~8개 이상의 계약을 한 번에 일으키는 파급 효과가 있다.

주요 영업지역을 벗어난 지역의 부동산 전속 받기
– 중개 대상으로 의뢰받을지의 여부

주된 영업지역이 아닌 곳도 수익성이 높은 물건은 수주해서 진행해야 한다. 지역을 가려가면서 일하면 안 된다. 단, 마케팅이 쉬운 지역이어야 하고 해당 물건이 상품성이 높아야 한다. 앞서 계속 전속을 강조했지만, 실제 일을 하다 보면 전속으로 의뢰를 받지 못하는 경우도 많다. 오히려 비율로 따지면 비전속이 더 많다. 그래도 내 사무실이 속한 주된 영업지역에 있는 부동산은 지속적으로 반복해 설득하고 설명해서 전속화할 수 있고 이런 고객 관리의 연장선에서 비전속이지만 전속이나 다름없이 건물주가 대해주고 수수료도 보장을 받는다. 그러나 다른 지역의 경우는 그 지역을 주된 활동 무대로 영업하는 부동산 회사들이 많을 것이고 타지의 부동산 회사가 경쟁하기에 불리한 점들이 많다. 그래서 더더욱 전속을 받아야 하고 가급적 자주 현장을 관리하거나 상주하는 것이 좋다.

그러기 위해서는 그럴 가치도 있어야 한다.

여러분이 그 프로젝트를 진행하기 위해 투입할 시간이 가치가 있어야 한다는 뜻이다. 인건비와 시간 가치가 떨어진다면 맡으면 안 된다. 부동산 중개업을 창업하면 주변에서 이런저런 소개를 해줄 경우가 있는데 전국의 애매한 부동산은 모두 나에게 오는 것 같은 느낌을 받을 때가 있다. 잠실에서 공인중개사 사무실을 운영하고 있는데 태백시에 있는 꼬마빌딩 전속을 받지 말라는 뜻이다. 잠실에서 평생 일해도 잠실을 모두 돌지 못한다. 나에게 지방이나 내가 하기 힘든 물건을 의뢰하는 고객이 있다. 이런 경우에 나는 그분들이 그 지역의 공인중개사를 위해서 최선의 거래를 하실 수 있도록 사심을 빼고 상담을 해드린다. 내가 맡지는 않는다.

감당하기 힘든 지역이나 물건을 거부해야 하는 이유

앞서 언급한 이유보다 더 큰 이유는 자칫 다른 동네에서 전속을 받아서 진행하게 되면 내 영업지역의 일상 파밍이 망가지게 된다. 매일 같은 지역에서 습관처럼 지역 파밍을 하면서 만났던 건물주, 임차인을 계속 만나야 하는데 그 루틴이 깨지면 다시 일상으로 돌아오기 힘들기 때문이다. 다른 지역에서 업무를 진행할 경우는 그 프로젝트가 충분한 보상을 가져올 수 있는 물건인지를 꼭 검토해보기 바란다.

책임 중개라는
무거운 단어의 의미

　나는 내가 맡은 건물의 건물주나 가망 임차인 등과 미팅을 할 때 항상 '우리 건물'이라는 단어를 사용한다. 운전하고 어느 동네를 지나다가 내가 채운 건물, 내가 판 건물을 지날 때면 무언가 내 건물도 아닌데 뿌듯한 마음이 들고는 한다. 그 건물의 계단 한 계단 한 계단, 심지어는 건물 로비에서 나는 청소용 락스(세제) 냄새까지도 기억나기 때문이다. 강한 애착 모드라고 생각한다. 심지어 부동산 대리인도 이런 마음인데 실제 건물주들은 어떨까? 항상 그런 생각을 밑에 깔고 건물주를 상대해야 한다. 임차인이 원한다고 해서 아무 생각 없이 "건물 외벽에 구멍 몇 개 내면 되는데 간판 달게 해주시죠!" 이런 말을 쉽게 하지 말라는 뜻이다.

　이런 마음이 탑재되었다면, 우리의 일인 건물을 채우고 관리하는 일 차원에서 이야기해보자!

어떤 임차인으로 건물을 채울 것인가?

건물주가 원하는 임대료를 낼 수 있다면,

어떤 업종의 임차인도 좋은 것인가?

답은 아니다.

가끔 오래 비어 있는 건물주에게 임차인을 답사시키면, 업종이 안 맞아서 계약은 어렵겠다고 이야기하는 경우가 있다. 1년 넘게 비었는데, 그냥 채우면 되지 유난스럽다고 생각하기도 한다. 그러나 그건 잘못된 생각이다. 어떤 경우는 건물주가 원하는 임차인이 그 건물에 맞지 않아 공실이 지속된다고 하더라도 일단은 건물주가 원하는 임차인을 유치하도록 노력해야 하는 것이 '대리인'의 자세다! 수시로 건물주를 만나니 설득해서 건물주 자체도 교육되고 설득되어 지역에 맞는 임차인을 유치해 수익을 확보하게 해드려야겠지만 끝까지 건물주가 원하는 임차인 업종을 고수한다면 건물이 비더라도 어쩔 수가 없다.

왜? 나에게, 여러분에게 전속을 맡기겠는가?

원하는 조건으로 원하는 업종으로 건물을 채워달라는 의미다!

그래서 전속으로 의뢰를 받으라고 강조하는 나지만, 역설적으로 자신 없으면 전속이 문제가 아니라 의뢰 자체를 거절할 필요도 있는 것이다.

우리는 시간과 비용을 항상 우리의 수익과 비교하면서 일해야 하는 사업가이기 때문이다.

고객의 등기부등본을 마음으로 읽어보기

나는 부동산 일을 하면서 만난 '은인' 같은 건물주들이 여러분 만났다. 내가 꼬마 공인중개사 시절에 나 나름대로 잘 번다고 생각하고 '나'를 중심에 놓고 일하고 살던 시절이었다. 돈을 벌면 쓰고 놀기도 하던 시절이었던 갔다. 물론, 내 주변인들은 인정을 안 하지만 나도 놀 때는 논다. 어느 여름 아가였던 큰딸을 데리고 가족 여행을 간 적이 있었다. 하루가 지나서 내가 전속 받은 건물의 건물주는 전화로 건물로 당장 튀어 오라고 했다. 느낌은 '화재' 같은 느낌은 큰일이었다. 급하게 가족을 휴가지에 두고 나 혼자 건물로 올라갔다. 2시간 정도 걸렸던 것 같다. 급하게 도착한 건물은 평온했다.

다음 대화를 나눈 후, 건물주를 대하는 마음이 180도 바뀌었다.

"사장님~ 무슨 일이에요?" (큰 소리로 말하면 건물 관리실로 들어섰다)

건물주의 대답은…. 손목시계를 보면서….

"합격"

어안이 벙벙한 나는 되물었다.

"뭐가 합격이에요?"

"네가 얼마나 빨리 오나 테스트해봤어."

당시에는 너무나 화가 나서 큰 소리로 뭐하시는 거냐고 소리를 쳤다.

"빚 있어? 주택담보대출도 없어?"

"없어요." (당시 차장, 32살 시절)

"그렇다면 내 등기부등본 봐서 알고 있지? 내 빚은 얼마냐?"

"160억 원이요!" (건물 신축을 위해 받은 담보 대출)

"네 빚이 160억 원이면 잠이 오겠냐? 어떻게 건물 전속 대리인이 건물이 반이나 비었는데 놀러 가냐? 나도 휴가 가고 싶어."

그날 내가 느낀 것은 내가 건물을 전속 달라는 말을 할 때, 그 말 속에는 '건물 다 찰 때까지는 잠도 불편하게 주말, 평일 구분 없이, 밤낮 구분 없이 채우자! 그러지 못할 거면 전속을 달라고 하지도 말자!'라는 것이 포함되어 있다는 것이다. 돈이 많은 건물주의 '돈'은 상당한 빚을 안고 있다. 좋게 이야기하면 레버리지다. 1,000억 원 건물에 대출이 800억 원 이런 등기부를 보게 되면 내가 어떤 자세로 건물로 채워야 하는지 '감'이 와야 한다.

여기까지 이 책을 읽어보면서 원래의 취지대로 7주 만에 '나만의 지도' 안에 있는 여러분의 창업 및 취업 희망지역에서 지리를 익히고, 공실 자료와 시세를 조사하고 기록하면서 보내고 있을 것이다. 공실이 많거나 신축 중인 부동산 중에서 임차인으로서도 매력을 느낄 수 있는 건물도 파악이 되었고 매매를 희망하는 건물주도 만났을 것이다.

매력 있는 부동산에 전속을 제안해보셨는가?
어쩌면 멋진 신축을 이미 임대 전속이나 매매 전속으로 수주했을지도 모르겠다. 당연히 '공인중개사 사무실을 오픈할 만한 자리'도 몇 개 찾았을 것이다.
이제는 본격적인 오픈 준비를 해보자.

오픈과 영향권 개발하기
_ 개업(취업) 패키지 준비

공인중개사 업무를 위한
각종 서류 준비

어릴 적 동네 공인중개사 사무실이나 아버지 사무실을 들를 때면 문방구 연습장 같은 노트에 고객과 상담한 내용을 볼펜으로 적으며 이야기하는 중개사들을 보고는 했다. 어린 시절의 부동산 풍경을 생각해보면 지금 공인중개사들의 위상이 높아진 만큼 사무실 업무환경도 많이 달라졌다. 수십 년 사이에 세상이 그만큼 많이 변한 탓도 있다. 하지만 아직도 개선할 요소가 중개업에서는 많다. 고객 상담 차트를 활용해 고객과 상담하고 아이패드로 브리핑을 하고 벽에 걸린 지도로 위치를 설명하는 것이 아니라 지도만 한 대형 모니터로 지도와 로드뷰를 보면서 더욱 라이브한 상담을 진행한다. 바쁜 고객들이나 호기심을 증폭시키기 위해 촬영한 영상의 일부를 보여주거나 메일이나 문자(톡)로 보내서 관심도를 높이기도 한다.

남이 이렇게 하니 나도 이렇게 한다는 사고를 뛰어넘어 경쟁자들이 사용하지 않는 기법이나 마케팅 툴을 활용해서 더욱 선진화시키고 서비스

품질을 높여야 한다. 우스갯소리지만 더 높은 수수료를 받을 방법도 이런 높은 서비스 품질과 무관하지 않을 것이다.

은행 같은 친절한 느낌과 규격화된 양식을 갖춘 공인중개사 사무실!
증권사 같은 느낌의 분석력을 갖춘 공인중개사 사무실!
답사하는 차량 하나조차도 깔끔하고 정갈하게 청소된 자동차!
커피 하나를 대접해도 '이 커피 뭐냐고' 물어볼 수 있게 대화를 유도하는 사무실!

세심하게 준비해야 사업 성공에 가까워진다.
영업에 필요한 각종 서류나 자료를 규격화하고 언제 고객이 와도 대응할 수 있게 사무실에 준비하라! 어떻게 할지 아이디어가 안 떠오른다면, 인근 은행 창구에 한 번만 가도 무슨 소리인지 알 것이다.

예를 들어, 고객 상담 차트(카드), 매물 접수 카드를 겸한 확인 매물 사인이 가능하게 만든 서류, 각종 전속 계약서 파일을 미리 출력하고 공인중개사 도장을 미리 찍어둔다. 그냥 단순 메모하는 메모지라도 여러분 사무실의 로고가 들어간 종이를 사용하라! 안 보는 것 같아도 고객은 아주 작은 차이를 모두 찾아내기 때문이다.
사람의 입으로 자신을 스스로 자랑하는 말보다는 고객이 눈으로 확인하게 해주라는 뜻이다. 심지어 여러분이 만들어 놓은 유튜브 영상은 KBS 방송도 아니지만, 고객의 눈으로 직접 보게 되면 그걸 만든 사람이 말로 하는 것보다 신뢰를 쉽게 하는 편이다. 그래서 사무실에 이상한 달력만 걸어두지 말고, 전문서적, 전속 빌딩의 사진, 어떤 영광의 흔적(수상한 이력, 상패 등)을 사무실의 눈에 잘 보이는 곳에 비치하는 것은 중요하다. 이왕이면 고객이 여러분을 더 쉽고 빠르게 믿게 만들라는 뜻이다.

요즘 부동산 거래 계약은 대부분 컴퓨터로 작성하기 때문에 계약서를 준비한다는 의미는 전속 계약서, 확인 매물용 사인, 수수료 약정, 각종 컨설팅(자문) 계약서의 의미로 생각하면 된다. 자주 사용하는 임대, 임차, 매도, 매수, 수수료 약정 정도의 계약서는 미리 출력해 서류함에 충분히 준비해두기 바란다.

고객과의 상담을 시작할 때 자연스럽게 내용을 채우면서 질문을 주고받고 미팅의 중반 정도에 진짜 핵심을 상담할 타이밍에 '날인'을 요청해보라! 습관을 이렇게 들이라고 말하고 싶다.

전속으로 부동산 거래를 못 하는 가장 큰 이유는?
전속을 달라고 이야기 안 하는 탓이 가장 크다.
'에이, 전속을 주겠어?'라고 혼자 미리 생각하지 마라!
몰라서 안 주는 경우도 많다.

관청 제출 및 사무실 개설(취업)을 위한 서류 준비를 준비하자.
사무실 개설을 위해 법적으로 준비해야 하는 서류들인데 공인중개사 시험에 합격한 여러분들에게는 별도의 설명은 필요 없을 것이다. 파밍 중에 오픈을 희망하는 지역 내 사무실을 계약하게 되면 미리 준비해두길 바란다. 특히 이 책의 진도에 따라 지역에서 영업 준비를 하는 공인중개사라면 오픈할 자리를 계약했을 수도 있으니 이런 경우 오픈 날짜를 D-day로 일정표를 잡고 오픈 준비에 만반의 준비를 하도록 하자!

공인중개사
개인 소개 자료

작게 시작하지만, 회사를 설립한다는 마음으로 임한다. 회사 소개서를 준비하라! 이렇게 말하면 이해가 쉬운데, 아무리 작은 공인중개사 사무실로 시작하는 경우라 하더라도 3년 후, 5년 후, 10년 후를 생각하고 '업을 시작하는 비전'을 만들어보는 것이 중요하다. 부동산 중개업을 왜 하려고 하는가? 여러 가지 이유가 있을 수 있다. 그런데 '어쩌다 보니', '돈을 벌기 위해서' 중개업을 선택했다면, 그 이유만으로 창업하면 안 된다. 시작은 어떻게 되었던 시작을 하기로 했다면 전문가로의 성장 계획도 함께 세워야 한다. 부동산 업을 처음 시작하는 사람들을 코칭 할 때면 항상 하는 말이 있다. '부동산 업에서의 성공'을 늘 생각하라고 한다. 돈만 많이 벌어도 성공이 아니고, 전문 지식을 많이 안다고 성공도 아니다. 수익에 걸맞는 자기 성장, 쌓이는 지식을 활용한 고수익 창출…. 이런 합이 맞아야 '성공한 공인중개사'라고 볼 수 있다. 돈의 크기나 성장의 크기는 한계가 없겠지만, 늘 어제보다 나아지려고 노력해야 한다는 뜻이다. 부동산 전문가로의 성장은 결국은 서비스 품질을 높이게 되고, 높아진 서비스는 고소득을 부른다. 아는 만큼 보인다고 하지 않는가! 특히 부동산 전문 교육이나 대학원을 다니는 경우가 생기는데, 내 경험상 공인중개사에게 교육비 지출이란 최고의 수익률로 보답이 돌아오게 되어 있다. 지식과 네트워크 모두 갖출 수 있기 때문이다. 투자 수익률이 가장 높은 부동산 투자(?)가 '부동산 대학원'을 다니는 것이라고 해도 과언이 아니다. 개인적으로 나도 두 군데나 다녔다. 교육비만 따진다면, 수익률은 1,000%? 10,000%일 것이다. 가장 큰 수확은 '좋은 사람들'과의 만남이다. 부동산 업에 종사하는 사람들의 경우는 부동산 전문 대학원을 다니면서 인생이 업그레이드된 사람이 많다. 거의 다 그럴 것이다.

자신이 어떻게 살아왔고, 어떤 마음으로 중개업을 하고 있는지 이런 정성적인 부분에 대한 표현과 여러분의 공인중개사(중개법인)에게 일을 맡기면 어떤 전문 서비스가 가능한지를 여러분의 사업 계획에 맞춰 정리해 회사 소개서를 만들고 여러분이 전에 했던 일이 중개업에 영향을 끼칠 수 있는 일이라면 어떤 시너지를 낼 수 있는지를 정리해 여러분의 개인 프로필도 같이 정리하면 좋을 것이다. 특히 은행, 기업의 부동산 담당, 건설사, 시행사 등 관련업에서 근무한 경력이라면 상당한 시너지를 낼 수 있기 때문에 고객에게 여러분이 고객의 재산을 보호하고 증식시켜줄 적임자임을 알리라는 뜻이다. 개인적으로 개인 프로필을 해마다 정리해서 파일로 만들고 있는데 보통 대형 건물들을 맡기는 건물주들은 어떤 이력과 경력을 갖은 사람이 자신의 부동산을 맡게 되는지에도 상당한 관심을 두는데 부동산의 규모가 작다고 여러분의 살아온 길에 무관심한 것이 아니다. 실제 본격적인 영업을 시작하게 되면 여러분이 살아오면서 만난 모든 사람이 지인이자 고객이자 고객을 소개해줄 사람임을 명심하자!

어떤 서비스를 제공할 수 있는지, 어떤 목표를 가지고
중개업을 하고 있는지 세상에 알린다. 세상에 알린다?

부동산 업을 시작해서 보통의 경우처럼 적당한 자리의 기존 공인중개사 사무실을 인수하고 그 시절에 맞는 부동산 광고 홍보 채널을 통해 광고하면서 그저 그런 노하우도 없이 사업 계획이나 액션 플랜도 없이 그냥 간판 보고 들어오는 고객들을 접수하면서 중개업을 한다고 해도 기본적으로 성실한 공인중개사라면 반년 정도 지나면 어느 정도 수입을 내는 지역 부동산으로 자리를 잡을 것이다. 그런데 희한하게 개업보다 폐업이 만나는 것이 너무나 재미있는 사실이다. 폐업 방지 차원이 아니라 중개업에서 성공을 꿈꾸는 창업, 취업 예정자들이 이 책을 읽고 있다고 생각한다. 제대로 해보고 싶은 의지! 초심을 잃지 않고 사업 계획상의 목적을 달성하기 위해서는 굉장한 의지가 필요하다. 그 의지를 잃지 않는 쑥스럽지만 큰 효과가 있는 방법이 세상에 알리는 것이다.

무엇을 알릴 것인가? 여러분만의 특화된 부동산 서비스를 정하고 알린다.

예를 들어, 고객이 원하는 부동산 중개 서비스에 대해 왜? 전속 중개 계약, 전속 용역(자문) 계약을 체결하고 업무를 맡겨야 하는지 설명하기 힘들 것이다.

그런 궁금함을 풀어줄 서비스의 항목을 정하고 공표하라! 어떻게 보면, 답이 이미 나와 있다고도 볼 수 있다. 앞서 WEEK 1~7(Part 1~7)까지 여러분은 지역 내 다른 공인중개사들이 가지고 있지 못한 속칭 '양타 능력'을 갖췄다. '나만의 지도' 안의 모든 건물주 데이터와 지역 내 임차인들의 명단을 모두 가지고 있지 않은가?

이런 데이터를 바탕으로 엄청난 거래 속도를 낼 수 있다.

여러분이 최고의 차별화 전략은?

거래 속도다!

매매, 임대차, 신축빌딩, 노후건물, 토지 등 어떤 고객의 니즈(Needs)도 거래 상대방인 반쪽이 필요한데, 이미 가지고 있는 사람이 여러분이기 때문이다. 빠른 거래가 가능한 이유를 회사 소개서, 개인 프로필에 표현한다. 문구나 디자인을 고민하고 필요하면 브로슈어나 리플렛 형태로 인쇄, 광고 업체에 의뢰해도 좋을 것이다. 명함 하나를 만들어도 동네 그저 그런 사무실 명함처럼 만들지 마라! 심지어 종이 질 하나도 신경 쓰기를 바란다. 영업을 시작하면 내가 보여주는 내 모습과 내가 전하는 모든 것이 나를 나타내고 내 가치를 만든다. 그 가치는 흥미롭게도 수수료 차이까지로도 이어진다. 사람의 선입견이라는 작동하기 때문이다. 은행, 변호사, 투자회사, 대형 건물 담당 부동산 기업 등이 왜 서류 하나, 사무실 인테리어의 아주 작은 부분까지도 일일이 신경을 쓰겠는가?

아주 노골적으로 이야기한다면, 책잡힐 요소를 만들지 말라는 말이다.

또 한 가지 알릴 것은 사업 계획이다.

쉽게 이야기하면 1년에 얼마를 벌지, 3년 후에 어떤 부동산 회사로 성장할 것인지 로드맵을 만들고 사무실 벽에 패널로 만들거나 홈페이지나 SNS 등 홍보 채널에 알려보라! 어떻게 보면 정말 쑥스럽고 민망한 일일 수도 있다. 대부분 사람에게 내가 이런 이야기를 하면 공통으로 하는 이야기가 있다. '안 지켜지면 어떻게 하느냐는 것이다.'

정말 당연한데 어리석은 질문이다.
생각보다 사람들은 남의 일에 관심이 없다.
나 혼자 공표하고 안달이 나는 것이다.

사실 못 지킬까 봐서 조마조마하게 되는데 이런 조마조마함이 큰 에너지원이 된다. 아파도 새벽에 일어나 사무실로 출근하게 만든다. 1~2인이 운영하는 작은 공인중개사 사무실을 오픈하거나 법인인 중개법인에 입사해 일한다고 하더라도 아이러니하게도 중개업의 가장 큰 적은 속칭 '뒷박'이 아니고 '중개사의 게으름'이다.

게으름을 막는 것이 중개업 성공 요소 중 정말 중요한 요소다!
유치한 일 같은 이 게으름이 중개업 폐업의 1순위 이유라고 생각한다.
이런 소리에 나를 비난하는 사람도 있을 것이다.
부동산 경기가 안 좋고 열심히 했는데도 안 되는 경우도 있다고 그들은 믿기 때문이다. 그런 믿음 같은 위안으로 비난을 하는 것이다.

나는 그런 사람에게 묻고 싶다!

어제 몇 명을 만났는지….

부동산 중개업을 포함해서 영업하는 사람이 절대 해서는 안 되는 것이 실적 저조에 핑계를 대는 것이다. 몇 년 전 미국계 ○○부동산 회사의 미국 본사 직원에게서 들은 이야기를 하나 공유하겠다. 왜 실적이 저조한지 질문을 했는데, 대답은 '왜냐하면, 코로나 팬데믹'이라고 이야기했다. 이에 미국 본사 담당자 답이 머리를 때렸다.

"한국에 전쟁이라도 났나요?"

핑계를 대지 말라는 이야기다.

공인중개사 직원이 많은 중개법인에 입사한 사람이라면, 회사가 시키지 않아도 주변 동료들에게 나는 누구이고 올해 얼마를 벌 것인지를 알리기 바란다. 내 기억이 나도 내 팀원들도 책상에 자신이 이달에, 올해에 얼마를 벌어야 하는지 출력해서 붙여놨다. 지나는 사람들이 다 한마디씩 한다. 달성했냐고.

진짜 열심히 일하는 공인중개사도 "달성했어?"라고 묻는 말에 "그렇다"라고 대답하지 못한다. 그 이유는 대부분 달성하지 못하기 때문이다. 그런데 묻는 사람 그 누구도 비난하지 못하는 부분이 있다. 처음 세운 목표 자체가 낮지 않았기 때문이다.

그것은 미달성이지만 근접해 있다.

첫 해에 근접한 목표는 다음 해에 목표를 넘긴다. 그런데 재미있는 것은 이런 마인드를 가진 영업맨들은 다음 해에도 미달성한다. 목표를 더 높여 놨기 때문이다.

주요 물건 소개서

주요 물건 소개서는 지난 8주간의 영업 활동 과정에서 누적된 주요 물건, 신축 빌딩 자료 등을 말한다. 여러분의 파밍이 8주 차에 들어섰다. 길다면 긴 시간이다.

테헤란로를 중심으로 영업을 해온 내가 신입 에이전트들이 입사하면 테헤란로, 강남대로 등 강남구, 서초구를 중심으로 파밍지를 의논해 정한 후 과제를 내주고 코칭을 하고 있다. 같은 양의 과제를 어떤 사람은 1년이 지나도 못하고 나를 피해 다니는가 하면, 한 달이 안 된 시간에 다 만들어와서 의논하는 사람도 있다. 내 기준에서 너무하다 싶을 정도로 열심히 하는 신입 에이전트(공인중개사)도 여러 명을 만났다. 평균 이상의 진도를 보이는 에이전트라면 상당한 양의 공실 정보와 건물주 데이터를 확보하게 된다.

사실 과제를 내주고 매일 체크하다보면 진짜 열심히 하는 사람을 볼 때가 있다. 그런 사람을 발견하면 나는 이런 생각을 한다. 어차피 빠른 속도로 완성하겠구나! 이런 생각이 들면 나는 그 사람을 부른다.

"노○○ 주임님, 지금 파밍 속도가 빠르고 정확하니 속도를 더 내봅시다. 내가 가지고 있는 최신 파밍 데이터인데 앞으로는 새로 지도 만들고 전부 돌지 말고 이 자료를 업데이트하세요!"

이렇게 말하면서 내 자료를 다 준다. 어차피 완성시킬 사람이라고 믿으면 돈 벌려고 입사한 에이전트의 시간을 더 아껴주고 싶기 때문이다. 반대로 그런 소식을 듣고 본인도 완성된 최신 자료를 달라고 오는 사람이 있는데 이런 경우는 내 성격상 보통은 안 된다고 이야기하고 마음속에서 지워버린다. 함께 할 수 없는 사람이기 때문이다. 영업은 왕도가 없다. 자기 스스로 단계를 모두 밟아야 한다.

지름길도 없다.

내가 배운 원칙이 있다.

배고프지 않은 사람에게 먹을 것을 주지 마라!

물어보지 않으면 대답해주지 마라!

거기에 내 생각까지 덧붙인다면, 노력의 흔적이 보이지 않은 사람은

어떤 이유로도 나는 도와주지 않는다.

이렇게까지 강하게 이야기하는 이유는 뭘까?

누군가 열심히 일 안 하는 사람을 비난하기 위해서일까?

아니다.

이 페이지를 읽고 있는 여러분은 2개월 차로 여러분의 파밍지에서 모든 데이터를 지금 완성해서 가지고 있어야 한다는 점을 다시 강조하는 것이다. 데이터는 인터넷 검색으로 만들어진 것이 아니다. 여러분이 발로 뛰어 고객을 만나서 조사하고 제안한 기록이다. 그 기록이 매물장(공실 자료, 매매 물건, 시세표), 고객 상담 차트, 신축 빌딩 리스트, 만들고 있는 제안서들이다. 중개업을 하는 데 필요한 데이터와 고객이 여러분의 두 손에 있는 것이다.

부동산 거래의 쌍방인 바이어와 셀러가 모두 여러분에게 있다.

여러분이 어느 공간이나 회사에서 여러분의 부동산 일을 시작하는 순간, 계약을 할 수 있는 기본이 완성되어 있는 것이다.

오토 매칭도 가능한 상황을 만들고 오픈하고자 이런 과정을 거치는 것이다. 여러분은 그 과정을 거쳤다. 누군가는 이런저런 이유도 아직 목표에 도달 못 한 경우도 있을 것이다. 그 역시, 아쉽지만 괜찮다. 지금부터라도 하면 된다. 결단코 일련의 과정은 고등학생들의 수능시험 준비보다 아주 쉽고 여러분이 공인중개사 시험에 합격하기 위해 공부한 노력보다도 쉽다고 생각한다. 이건 '예스 아니면 노'라는 답이 정해진 게임이 아니다. 조금 한 사람도 결과는 나오고 많이 한 사람은 많은 결과를 내는 그런 게임이다. 할 만하다는 것이다.

구축한 데이터베이스는 가급적 파일화해서 고객과 상담 시, 모니터와 연결해서 보여. 주거나 고객에게 제안하는 제안서를 만들 때 백데이터로 활용한다. 요즘은 속도도 굉장히 중요하기 때문에 한 번 만난 고객을 헐 겁게 대응해서 놓치는 일이 없도록 하자!

회사(공인중개사 사무실) 홍보물

이제 브로슈어, 리플렛, 명함 등 판촉물을 준비한다. 앞서 '무엇을 알릴 것인가?' 이 파트에서 회사 소개서, 리플렛, 명함 같은 홍보물이 얼마나 중요한지 언급했다. 처음 창업할 때는 나홀로 오픈이라 하더라도 시간이 지나면 한 명, 두 명, 많은 인원을 채용해 회사처럼 운영하는 첫날이라고 생각하고 임하자! 1층의 경우는 특히 간판, 차량에 붙이는 스티커, 1층 유리 쇼윈도에 붙이는 선팅 하나하나가 모두 통일적이고 회사처럼 보이도록 디자인하자는 말이다.

여러분의 행동 하나하나, 사무실의 구석구석, 여러분이 보여주는 행동, 여러분의 말투, 여러분의 복장, 여러분의 쓰는 종이 한 장이나 볼펜 한 자루도 책잡히지 말자! 너무 내가 극단적으로 말하는 것 같지만 이런 유난스러운 것들을 지켜나갈 때 여러분 스스로 동네 작은 공인중개사 사무실이라는 마음을 깨게 된다. 나에게 일을 처음 가르쳐준 회사의 회장님께서 야

단을 치신 적이 있었다. 아마도 내가 고객과 미팅을 하는데 협상하는 과정에서 '작업'이라는 단어를 썼기 때문이다. 당시 내 상사는 '천박하게 작업이 뭐냐!'라고 하셨다. 협상, 딜(Deal) 등 다른 단어를 써도 뜻을 전달할 수 있는데 일부러 왜 천한 말을 쓰냐는 것이었다. 그 이후, 나는 내가 쓸 때도 내가 타인을 가르칠 때도 단어 선택에서 같은 뜻의 더 고급스럽고 품위있는 말이 있다면 바꿔서 이야기하라고 강의했다. 그리고 나도 그렇게 써왔다. 어디 가도 '욕쟁이'로 빠지지 않는 나지만 말이다. 하물며, 움직이지도 못하는 회사 소개서, 명함 같은 인쇄물에서 고객에게 나쁜 인상을 줄 필요가 없다.

그리고 이건 여담인데 부동산 일을 하다 보면, 사무실에서 밥을 먹는 모습을 볼 때가 있다. 바쁘면 빵과 커피를 먹으며 일하는 모습은 모르겠지만 배달된 한식, 중식을 먹거나 컵라면 같은 것을 먹는 것은 최악이다. 부자가 되려면 부자가 이미 된 것처럼 행동하라는 말까지 있는데 그렇게는 아니더라도 사무실에서 밥 냄새가 나지 않게 하자! 환기를 100년 해도 고객은 다 알아본다. 그 냄새는 수수료를 50% 할인시키는 요소가 된다. 고객의 마음속에 '복덕방'이라는 인상을 주기 때문이다. 이 일을 너무 쉽게 보고 시작하지 말라는 말이다.

각종 사업에 활용할
디자인 가안 등

각종 사업에 활용할 디자인 가안 등 일관된 홍보와 향후 중개법인화를 위한 트랙 레코드 축적해 준비한다.

특히 전속 빌딩을 수주하기 위한 제안서 샘플이나 각종 고객 보고용 리포트, 컨설팅을 위한 기본 서류 양식 등을 미리 갖추고 해당 상황이 발생하면 즉각 대응할 수 있도록 한다. 여러분의 업력이 쌓이다 보면 큰 부동산을 거래할 일이 늘어날 것이다. 기업이 보유한 부동산도 마찬가지다. 요즘은 마음에 든다고 수의 계약하는 세상이 아니다. 공정한 입찰 방식, 경쟁 방식을 취해야 하는 부동산 거래가 늘고 있다. 매매, 임대차 모두 마찬가지다. 부동산을 기업이 거래할 때, 항상 따라붙는 말이 있다.

왜? 왜?

왜! 그 공인중개사 사무실에 일을 맡겼냐? 친하냐?

이런 오해를 받으면 안 된다.

그렇다면 공정한 경쟁 속에서, 그런 척하면서 경쟁을 하려면 어떻게 해야 할까? 능력을 입증해야 한다. 전에 유사한 프로젝트를 처리한 경험이 얼마나 있는지를 잘 정리해서 고객에게 제안할 때, 무기로 써야 한다.

SNS 채널 개설, 광고 채널
활용 계획 수립 등

　요즘 KBS를 본 적이 있는가? 종이 신문을 구독하고 있는가? 마치 무슨 선사 시대 유물과도 같이, 나는 신문은 몇 개 구독하고 있다. 하지만 공중파 TV는 몇 년 사이에 본 적이 없다. 예전에 잘 나가던 매체는 대기업의 신상품 광고로 가득했다. 요즘은 건강식품이나 이상한 제품들 광고로 지면이 가득 채워져 있다. 광고라는 것이 얼마나 민감한가? 효과가 없는 곳에 할 리가 없지 않은? 그렇다면 공인중개사 사무실 광고는 어떻게 변하고 있나?

　아직 공인중개사 사무실 홍보는 블로그, 카페, 신문 지면 광고 등도 효과가 있지만, 많은 부분이 SNS 쪽으로 이동했다. 맛집 다녀와서 올리는 인스타그램이 아니고 연예인들이나 먹방을 보기 위한 유튜브도 아니다. 이런 매체들이 계속 생겨나고 효과를 보고 사라지고를 반복하고 있다. 그런 시대 흐름에 맞춰서 공인중개사도 마케팅을 해야 한다. 지금 이 책을 보고 있는 분 중에서 유튜브를 어떻게 하나, 뭐 하려고 하나 이런 생각을 한다면 잘못된 생각이다. 이제 유튜브를 보고 빌딩을 사는 세상이 되었다. 적극적으로 당장 하지는 않더라도 계정을 만들고 여러 가지 방법으로 촬영도 해보고 포스팅도 해보기 바란다.

새로운 것에 계속 시도를 하는 사람이 살아남는다.

나는 개인적으로 페이스북, 링크드인, 유튜브, X(구 트위터), 스레드, 블로그, 인스타그램(3~4개 채널) 등을 하고 있다. 물론, 내 마음대로 하고 있다. 효과는 분명히 있다. 각 채널을 편집도 배우고 더 잘할 수도 있겠지만 다른 일도 많아서 신경을 많이 쓰지는 못한다.

하지만 다 한다. 나만의 요령으로 한다.

페이스북을 기본으로 글을 올린다. 페이스북에 올리는 글 중에서 내용이 좋다고 생각되면 그냥 복사해서 링크드인이나 블로그에 올린다. 그리고, 글을 조금 줄이고 사진 위주로는 인스타그램에 올린다. 유튜브는 운전 중에 차가 많이 막히면 멍하게 음악 듣는 게 싫어서 말을 한다. 당연히 부동산 관련해서 말을 한다. 그리고 바로 편집 없이 유튜브에 올린다. 유튜브에 올린 내용을 인스타그램에 링크하기 위해서 인스타그램 스토리 창을 열고 적당한 이미지를 불러서 인스타그램 스토리가 글자를 입력할 수 있다는 점을 활용해서 글을 이미지 위에 입힌다. 그리고 그 화면을 그냥 캡처해서 유튜브의 섬네일로 쓴다. 그렇게 유튜브에 올린 내용은 공유 링크를 복사해서 다시 페이스북, 링크드인, X(구 트위터), 스레드, 인스타그램에 다시 링크를 건다. 그리고 수십 년을 이런 짓(?)을 해서 업무시간에 전혀 영향도 받지 않고 남는 시간에 모두 끝난다.

특히 유명한 부동산 유튜버의 동반 촬영 제안이 오면 무조건 한다고 한다. 내가 찍은 것보다 품질도 좋고 더 홍보가 잘 되기 때문이다. 그래도, 나를 불러주는 이유는 내가 하는 말은 품질이 나쁜 게 아니다. 편집을 좀 더 신경 써서 구독자를 늘려보라는 지인들의 충고도 있는데, 나는 구독자 늘리는 것에는 관심도 없다. 그런데도 효과는 크다.

여러분의 전속 물건을 촬영해서 올리는 것은 큰 의미가 있다.
음, 어떻게든 살려고 발버둥치는 마음으로 하고 싶은 일은 다 하자고 권하고 싶다.

영업 준비 도달 수준 파악
(체크리스트 작성)

영업 준비를 말하면서 이야기하는 '임대차 계약'은 여러분이 창업할 사무실의 임대차 계약이다. 2개월 동안 진행되는 이 책의 커리큘럼의 목적은 공인중개사 사무실 창업이나 부동산 회사의 취업이다. 여러분이 파밍한 지역에서 현재 공실이나 공실 예정인 공간을 모두 알고 있고 그 물건들은 매물장에 기록되어 있다. 그 중에서 여러분의 사무실로 적합한 공간이 있다면 계약을 했거나 하라는 이야기다. 영업 준비가 되었기 때문이다.

여러분의 임대차 계약이 여러분이 창업할 지역에서의 첫 계약이다.

어떤 경우에는 여러분이 전속으로 수주하려는 신축 빌딩으로 입주할 수도 있을 것이다. 이런 경우는 임대료 할인도 상당히 이끌어낼 수도 있다. 심지어 공사 현장에서 이어지는 임대 사무실을 여러분의 향후 사무실로 활용할 수도 있기 때문에 준공 시점까지 인근 공유 오피스 등을 활용하면서 준공을 기다리며 현장 상주 사무실에서 '임시 창업'하는 방법도 있다. 머리를 사방팔방으로 쓰면서 오픈 준비를 하라는 말이다. 만약 일반 사무실을 계약하게 된다면, 계약금 지불, 잔금, 인테리어 시작 시기와 비용 등으로 고민하고 준비해야 하고, 경우에 따라 공인중개사 사무실 자리를 인수할 수도 있고 공인중개사 사무실 자리는 아니지만 자릿값(권리금)이 있는 경우도 있을 것이다. 이런 자금 흐름을 염두에 두고 계약을 진행하라! 앞서 언급한 각종 서류, 홍보물을 제작하는 시기와 비용도 모두 예산에 잡아야 한다.

어영부영 마음만 앞서서 시간을 보내다가 아무것도 못 하고 돈을 까먹게 되는 경우도 많으니 체크 리스트를 만들어 정해진 기간 내에 진행이 제대로 되도록 하나씩 지워가면서 모두 해낸다. 중요한 것은 그런 와중에도 2개월간 진행하고 있는 지역 파밍을 줄여서 하더라도 멈추면 안 된다. 파밍을 멈추는 순간 폐업의 길로 간다는 것을 명심하자!

며칠 쉬어도 괜찮을 거라는 안일한 생각을 하지 마라!
루틴을 만드는 데는 몇 달이 걸리지만 망치는 시간은 며칠이면 충분하다.

인테리어 진도표(간판 및 홍보물 제작 일정표)

보통은 인테리어를 맡기면 공사하는 분들은 대부분 공정표를 가지고 있다. 같이 공유하고. 여러분의 창업 계획표의 일정을 같이 반영해 수정하면서 모든 일정이 맞춰 들어가게 만든다. 특히 인테리어 일정은 하루가 늘어져도 비용이 늘어나니 타이트하게 관리해야 한다.

오픈식 준비(준비 물품 리스트 만들기)

오픈식 초청자 명단 등을 준비한다. 창업하는 경우 쑥스럽다, 뭐 그렇게까지 하며 여러 이유로 오픈식을 등한시하는 경우가 많다. 실제로 부동산 중개업을 창업하는 데 있어서 오픈식은 매우 중요한 행사다. 주변 상인, 주변 회사들에 내가 이 지역에서 '부동산 업'을 시작했다고 알리는 행사인데, 좀 과하다 싶게 해도 '욕'먹을 일이 아니고 지역에서 새로운 물결을 일으키는 느낌을 줄 필요도 있다. 인테리어를 하는 시점부터 호기심을 일으키고 지역 내에 새로운 공인중개사가 들어온다는 것을 세상에 알려야 한다. 아파트 단지에서 오픈하는 경우에는 지역 내 경품 이벤트 같은 행사를 준비해서 경품 당첨을 위해 작성한 '현재 거주하고 있는 형태 조사표' 같은 곳에 적어둔 응모자의 집 주소, 연락처, 이메일, 자가 및 전월세 여부 등의 인위적 접수된 데이터를 통해 상당한 초기 고객화가 가능해지기 때문에 매우 치밀하고 기획된 오픈식을 준비해야 한다.

지역에서 일부러 만나두면 좋을 사람들의 명단을 만들고 초청하라!

지역 은행의 지점장이나 대출 담당 직원, 상가 번영회장 같은 지역 마당발 인사들, 우호적인 경쟁 중개 사무실 사장님들(2개월간 파밍하면서 모두 파악되어 있지 않은가?), 같은 건물이나 인근 상가 사장님들, 인근 건물의 관리 소장님들을 초대해 자연스럽게 저녁 식사로 이어지면 더 좋다. 여러분의 강한 우군이 되어줄 것이다.

계속되는 꿈

여러분은 두 달간 창업 준비와 동시에 '영업'을 했다. 목적은 창업하자 마자 이미 10년 된 공인중개사 사무실로 지역에서 일할 수 있는 준비를 하기 위해서다. 다시 한번 반복하자면, 부동산 업은 오래 한 사람이 잘하는 직업이 아니고 제대로 하는 사람이 잘하는 직업이다. 여러분은 새로 시작하는데 제대로 시작하는 공인중개사다. 완벽한 공인중개사가 되는 길로 접어든 것이다. 10년을 한 지역에서 부동산 업을 운영한 공인중개사도 본인 영업하는 지역 내 신축 건물 공사장을 지나면서 현장 공사 소장에게 어떤 건물을 짓는지 언제 준공인지 건물주 소개받을 수 있는지 물어보지 않는 경우가 허다하다. 그 건물주가 자신이 1층 공인중개사 사무실을 지나다 들르게 되면 알게 될 수도 있는데 이런 경우도 면적과 금액만 물어보고 그 건물을 전속 임대 대행으로 수주할 생각조차 하지 못하는 경우가 많다. 왜 그래야 하는지 자체를 모르는 경우가 더 많다.

전속을 못 받는 가장 큰 이유는 전속으로 수임하려는 노력 자체를 안하기 때문이기도 하다. 말하고 제안해야 왜인지 물어볼 것이 아닌가? 이 책을 끝까지 읽고 2개월 이상을 매일 여러분의 창업, 취업 지역의 부동산 하나하나를 만나 공실 정보, 매매 여부, 신축인데 전속을 줄 수 있는지 제안해온 여러분이라면 그런 실수는 하지 않을 것이다. 나는 늘 매직 퀘스천(Magic Question)을 입에 달고 살라고 이야기한다. '마법의 질문'이라는 것이 별것이 아니다. '물어보면 대답 해주는데, 안 물어보면 들을 수 없는 대답'인 것이다.

특히 창업을 준비하고 어쩌면 이미 창업한 여러분의 시작이 성공적으로 진행되기 위해서는 안정적인 수익이 받쳐줘야 하는 것이 아닌가? 부동산 중개업에서 안정적 수익이라는 것이 맞는 표현인지는 모르겠지만 '일정 금액을 넘는 지속적인 고소득'이라고 표현하면 어떨까 싶다. 그러면서도 예측 가능한 소득을 영업하면서 바닥에 깔고 일을 해야 한다. 이런 것들은 좋은 전속 물건을 많이 확보하면서 가능해진다. 6개월에 준공되는 부동산을 임대나 매매(분양) 대행을 맡았다고 가정한다면, 기대수익 전체의 50~60%만을 잡아도 대략의 예측이 가능한 수익이 확보되는 것이다. 앞서 여러 차례 언급했듯이 그 예측 가능한 수익이 확정적 수익으로 만들어져 가기 위해서는 '책임 중개 정신'과 '사전 임대 마케팅'이 가능하도록 지역 내 주요 부동산의 소유자, 사용자를 모두 파악하고 있다면 더욱 쉬워질 것이다. 2개월간 여러분은 여러분의 중개업이 더욱 안정적이고 쉬워지기 위해서 데이터를 수집하고 정리하고 전속화, 계약화하고 있을 것이다.

이제 준비는 모두 끝났다. 달리는 일이 남았다.
연습도 충분히 되었으니 업무량을 늘려보자!

하루에 5명, 하루에 10명 만나는 가망 고객의 숫자도 늘려보자!

알게 될 것이다. 여러분 스스로 늘린 가망 고객과의 접촉 숫자가 몇 달 후 늘어난 매출의 시작이라는 것을 말이다. 통장에 돈이 늘어나면 재미가 생기고 재미가 생기면 날밤이 새는 줄을 모르게 된다. 스스로 더욱더 일하게 된다는 말이다.

우리가 흔히 모멘텀(Momentum)이라는 말을 쓴다.

모티베이션(Motivation)이라는 동기 부여와 유사한 부분도 있지만 모멘텀은 동기 부여를 지속적으로 유지하게 해주는 에너지원과 같은 것이다. 쉽게 설명하자면, 돈을 안 벌면 안 되는 절체절명의 환경을 만들어서 버는 돈이 생활을 지탱해주고 어느 정도 풍족함을 만들어준다면, 돈을 버는 것이 아니라 일을 즐기고 부동산 일을 즐기는 단계로 들어간다는 말이다. 즐기는 단계로 들어가면 목줄에 매달린 강아지를 산책시키듯이 나는 목줄(부동산 일 즐기기)을 잡고 골목(영업)을 거닐 뿐인데 귀여운 강아지(돈)가 저절로 따라온다는 말이다. 심지어 여러 마리 강아지가 꼬리에 꼬리를 물고 여러분을 따라올 것이다.

새벽에 눈을 뜨자마자 회사 가고 싶어서 심장이 두근거린 적이 있는가?
출근하는 새벽 운전에서 콧노래가 절로 난 적이 있는가?
연봉만큼의 돈을 월급으로 받고 어디 가서 자랑도 못 하고
차에서 혼자 통장을 열어본 적은 있는가?
스스로 번 돈으로 집을 사고, 재산을 키우고 뿌듯해한 적이 있는가?

그 마음을 잘 안다. 여러분도 느끼게 될 것이다.

다른 측면으로, 경쟁사와 수주하고 싶은 신축 빌딩을 사이에 두고 경쟁하면서 '악바리 정신'을 갖은 적은 있는가?

수주하고 싶은 빌딩을 타사에 놓치고 자신을 스스로 탓하고 경쟁사에 분노를 갖은 적은 있는가?

오래 진행한 계약이 깨져서 상심한 적은 있는가?

이 또한 여러분도 느끼고 있을 것이다.

못 느꼈다면, 영업을 덜 한 것이다. 두 달이면 여러 번을 겪었을 충분한 시간이다.

내 사무실 벽에 내가 붙여 놓은 현수막이 있다. '절대 멈추거나 주저하지 말라!'라고 붙여놓았다. 영업하면서 속앓이를 한다는 것은 여러분이 성공하는 방향으로 전진하고 있다는 증거다. 아무것도 하지 않는 사람에게 무슨 고통이 생기겠는가?

넘어졌다는 것은 달리고 있었다는 것이고 실망하는 일이 생겼다는 것은 기대를 하고 하던 일이 있었던 증거다. 힘들면 잠깐 천천히 가도 좋다. 멈추지만 않는다면 말이다. 나는 신입 직원들에게 자주 이런 이야기를 한다. 오전 10시라도 이상한 고객에게 마음의 상처를 받았다면, 심장이 정상으로 뛰기 시작하면 다시 영업의 행군을 이어나가라고 한다. 그럼에도 불구하고 마음이 돌아오지 않는다면 그날은 집으로 가라고 한다. 어두운 마음으로 고객을 만나봐야 악순환만 된다고, 그러던 중에 정말 일도 잘되고 기분이 좋은 날이 찾아오면 집에 갈 생각도 말라고 한다. 밤을 새우라고 한다.

사실 그런 날이 1년에 몇 번 안 온다. 그런 날은 밤을 새워주고 미친 듯 자신을 스스로 밀어 붙여보라!

그다음 날은 여러분은 한 계단 올라서 있을 것이다.

성장이 기회가 오면 놀 생각을 아예 하지 마라!

스스로가 자신을 성장시키지 못하면 아무도 도와주지 않기 때문이다.

마지막으로 창업인 취업을 하려는 여러분께 당부하고 싶은 말이 있다. 사업 계획을 세우고 영업 계획을 세우고 실제로 영업을 실행하면서 많은 일을 겪게 될 것이다. 정신적으로만 모든 어려움을 견디는 것은 한계가 있다. 그 이상을 마음속에 품고 일을 하라고 이야기하고 싶다. 엉뚱할지도 모르는 단어다.

꿈이다.

부동산 사업을 수단으로 인생에서 실제로 이루고 싶은 것을 마음에 품어야 한다. 나는 이것을 표현력이 부족해서 꿈이라고 말한 것이다. 신입사원들과 면접을 볼 때면, 꿈이 뭐냐고 물어볼 때가 있다. 눈을 크게 뜨고 나를 쳐다보고는 한다. 부동산으로 돈 벌러 온 사람에게 꿈이 뭐냐고 묻다니 뭐라고 대답해야 하지, 이런 속마음일 것이다.

나는 진심으로 묻는 것이다.

마음속 깊은 곳에 돈은 왜? 벌려고 하는지!

왜! 하필이면 부동산 업으로 돈을 벌려고 하는지!

그렇게 돈을 벌면 여러분의 꿈을 실현하는 데 어떤 도움이 되는지!

이런 꿈에 대한 정의를 미리 내려놓으면 어지간해서는 지치거나 힘들지 않는다. 꿈으로 가는 과정으로 생각되기 때문이다.

많은 거절을 만나도 그것은 실패가 아니다. 성공으로 가는 과정이다. 콜드 콜 50통을 했는데 약속을 2~3개밖에 잡지 못했다고 낙담하는 것이 아니라, '약속 3개 정도 미팅을 잡으려면 50통 가까이해야 하는구나!'라고 생각하게 된다는 말이다. 제안, 수주, 매출 다 이런 연장선에서 생각하면 여러분은 강한 멘탈을 유지하면서 각자의 꿈에 가까이 갈 수 있다고 믿는다.

그리고, 응원한다.

자, 그럼 오늘 하루가 다 끝나기 전에
가망 고객 한 명이라도 더 만나보자!
나가자! 사무실 밖으로!

GO!

시부야 미야시타 파크 스타벅스에서
노창희

공인중개사 창업·취업 완벽 가이드북
연봉 1억 초보 공인중개사는 이렇게 시작했다

제1판 1쇄 2025년 1월 10일

지은이   노창희
펴낸이   한성주
펴낸곳   ㈜두드림미디어
책임편집 이향선
디자인   얼앤똘비악(earl_tolbiac@naver.com)

㈜두드림미디어
등록   2015년 3월 25일(제2022-000009호)
주소   서울시 강서구 공항대로 219, 620호, 621호
전화   02)333-3577
팩스   02)6455-3477
이메일   dodreamedia@naver.com(원고 투고 및 출판 관련 문의)
카페   https://cafe.naver.com/dodreamedia

ISBN   979-11-94223-43-6 (03320)